U0131898

辛意云 著

国学十六讲

给年轻人的生活智慧课

九州出版社 JIUZHOUPRESS 全国百佳图书出版单位

图书在版编目（CIP）数据

国学十六讲 / 辛意云著 . -- 北京：九州出版社，
2021.12

ISBN 978-7-5225-0723-1

Ⅰ．①国…　Ⅱ．①辛…　Ⅲ．①国学—研究　Ⅳ．
① Z126

中国版本图书馆 CIP 数据核字（2021）第 247962 号

版权登记号：01-2022-1256

国学十六讲

作　者　辛意云　著

责任编辑　云岩涛

出版发行　九州出版社

地　址　北京市西城区阜外大街甲 35 号（100037）

发行电话　（010）689921190/3/5/6

网　址　www.jiuzhoupress.com

印　刷　北京天宇万达印刷有限公司

开　本　787 毫米 ×1092 毫米　16 开

印　张　16

字　数　194 千字

版　次　2021 年 12 月第 1 版

印　次　2022 年 5 月第 1 次印刷

书　号　ISBN 978-7-5225-0723-1

定　价　58.00 元

作者的话

我很喜欢回建中校园，觉得一生中最大的快乐，就是在建中数十年的教学活动，以及继续在国学社担任指导的时光！

我原先以为这只是一个读书会，能和一些年轻人聚在一起读一本书。等到这件事情开始之后，才知道是这么正式的课。我在想，今天算是序言吧，我就报告一点我的教学经验。

我担任国文课教师的第一个念头就是：我为什么要来教国文？我要教什么？特别是在这个大时代，我能够让国文展现成什么样的活动？然后来跟学生们互动。我是从这样的念头开始的。

先从我的成长历程说起，会比较完整。

我小的时候身体不好，常常生病在家。我母亲是学西方文学的，就为我准备一摞小说，顺时间地排下来，从神话到宗教故事……我经

编者按：这本书由辛老师在台湾"建国中学"四十余年教学时光的讲稿挑选、汇整而成，也节录了许多经典篇章的传授心得。在本文中，他分享了自己的学习成长历程，期作为对读者的期勉，以为代序。

常躺在那里看书，这个过程，引发了探索西方文化的好奇心。所以，后来我在大学读西方哲学的时候，就发觉在学校学习的哲学知识似乎太单薄。文化像一棵树，我们的学习只是掐了一根枝子。

我过去是学哲学的，在学哲学的过程中，我发现当时的学校，包括现在的教学，都好像只是拿一根大香肠一节一节切下地断裂学习。

我读大学、研究所时，台湾地区的出版业还不发达，可以买到的哲学性书籍很少，常常由老师掏钱去美国买一本书，或者同学集体购书，再轮流打字（那时候还没有复印机），打完以后油印，然后大家才去读那本书。

当时我想，一则书本的取得竟这么困难，二则我们所能获得的只是片段的知识，有时候从老师们哲学性的叙述过程中，我发觉，如果从整个大文化去看，它不仅只有这个意思，还有更丰富的意涵。而某问题的概念，其实是从一大堆事理中，抽出来一个具有代表性的意义而已，要还原到那个大系统里去才看得清楚，然后所有的东西就活了！所以，我思考着需不需要继续在台湾读哲学？

本来我想出境读书，可是到大四的时候我母亲病重，我是独子，看情况是不能出去了。我开始想，不如转到中国系统中去，读中国哲学吧！

那时候大学里没有选修，我就加修了国文系的课，很幸运遇到了台湾师范大学的鲁实先先生，跟着他从文字学入手！之前，我也曾听了哲学系很多中国哲学的课，发觉同样有它的某些问题。可是，等到我从文字学入手，再跟着鲁先生读文学去了解"文章体例"，读《史记》了解"著作体例"，然后再来说明整个中国思想的完整性，我才意识到，原来我们一般学的课程，跟传统的学习是不一样的！

鲁先生没有读过大学，甚至现代小学、初中、高中都没有毕业。

他说，他建立了一套传统的自学方式。站在他的立场，他不太赞成现代一般学者们讲的中国东西，因为那是站在外面的说法。

同时，我很幸运地又跟了爱新觉罗·毓鋆先生，当时他讲今文经家之学。而爱新觉罗·毓鋆先生是跟康有为、梁启超的系统下来，从他的教导中我意识到，除了鲁先生学习中国学术的这套方式之外，中国学术确有它的系统性，不是现代一般所说的道德格言而已！进而从这个系统中理解，中国有一个文化下的大系统，此是构成中国学术的根本！

对我影响最大的是钱宾四（钱穆）先生。钱先生虽然反对清朝今文经家的讲法，但是他融合了今古文，也应用了传统的考据与训诂，然后向上追溯，尽可能地查出本源（这是发生论的研究方法），同时说明传统学术的根本问题。从这些系统里面，我对中国传统学术也有了认识！

中国有没有哲学？这是近代学术的大议题。

几年前，台湾当局曾拿出很大一笔钱，让近年在国外（比如在美、英、法、德甚至于西班牙、意大利）拿到哲学博士学位回台湾地区的年轻学人，回到留学地，做一年的学术研究，研究近代西方人对中国传统学术的看法，以及对中国哲学的看法。他们回来后，形成了共同的结论，即依西方学术传统表示"中国没有学术""中国没有哲学"，如同十九世纪末二十世纪初的看法，中国只有"道德性"格言及一些"宗教性"的信念记录而已。

其实我学哲学的时候，很早就接触到"中国没有学术"这个问题。比如在美学上，一直到十九世纪末期，西方的美学大师说："中国仍是在前科学时代"，即根本没有科学，因而说："中国只有经验的集结，没有任何学术系统的发展，所以中国所有的东西都只是只言片语，散乱在各种文字记录中。"那时我读到这些，感觉非常震撼！

授课老师在他们的认知前提下，也真的是这样子教我们。比如教我《老子》的第一个老师是用英文教，他说我们中国文字完全没有逻辑性（他是一个好老师，如果他现在还活着的话，也一百出头了），他认为，《老子》是一本完全没有逻辑系统的书，字义含混、模糊，所以我们读的是美国人的英译本，他说："幸亏美国人整理了这本书，这本书大家容易读得懂，我们就从那里开始！"第二个教我《老子》的老师，同样说《老子》没有系统，他就把《老子》按照西方哲学宇宙论、本体论、认识论等次序，排列整理成一本新《老子》，如同陈立夫先生觉得《论语》没有系统，就把"四书"统整了一遍，按照科学性的排法，把《四书道贯》排了下来！这些先生活到今天也都有一百岁了，他们虽然都是清朝人，不过都受过新式教育，有的留了学，这是他们对中国学术的看法。

等我跟了鲁先生，再跟了爱新觉罗·毓鋆先生，听他讲今文经家，再去钱宾四先生那里听课学习，我发现中国实在是有一大套知识系统，如果了解并掌握了这套系统以后，中国所有的东西都不再像我们现在所面对的一些文字、文章中所说的那么不够丰厚。老人家们说：中国仍然是有学术系统的，每个文字背后都有特定的含义，其所形成的"家法"中，在义理的解释上，就呈现了某些特殊的说法。这是我当时学哲学，进而跑去中文系加修学分所得来的经验。

就在这个经验中，等到我教课的时候，我就常常在想，我要从哪里带动学生认识这个"知识"？它不是单纯感性的记录，它有理性的架构，同时有它的知识性——因为从西方哲学的角度来讲，非得有知识性，否则不足以成为"知识"。而中国所有的东西实际上也是有知识性的，只是其所知的对象和西方所知的对象有所不同。西方所知的对象，是以客观世界的构成物质为主，而中国所知的对象则是以人、以生命为主。因此，中、西方所形成的知识、知识系统、知识方法也就不同了。

我后来就从这个角度，在钱先生的教导下，慢慢地整理出了一点点想法跟看法，从这当中来教学生，结果取得了很好的效果。此后从这个角度一路整理：中国哲学史、中国美学史以及各个经典的注解，只是觉得目前还不够完整，还不敢拿出来出版。

此外，我还跟过很多老师，比如我跟了方东美先生四年、牟宗三先生四年，那时候我旁的事都不做，就是整日跟着老师们读书，听很多先生的课。这些老师的课都对我有很大的启发。

我同时也上过林尹先生、高明先生的课好多年，特别是高明先生，他教我的时候虽然偏训诂及治学方法，可是他的讲法偏古文经家的说法；我也跟屈万里先生上完了《易经》《诗经》与《尚书》，他从考据、训诂中，引用现代方法建立了自己的系统。

然而，让我真的觉得将学术和生命合一，享受现有状态的，是四位都没有受过现代学术训练的先生。如果回到现实生活层面，我看到现代学术训练出来的先生们，似乎大多内心都很辛苦，而这四位先生大体上心境都还快乐，特别是钱先生！

鲁实先生很率性而为，他听说某某先生不认真教书，还会跑去骂人，但他个人处世心境快乐极了，沉浸在自己的学术研究中，得一字则欣喜万分。

爱新觉罗·毓鋆先生直到一百出头的岁数，还在教书。他常褒贬人物，意志力坚强，我跟随他老人家治传统学术也有二十多年。

最安然、最怡然自得、最自在的则是钱宾四先生。我在他那里学到很多，他对我影响最大！因为我在他身边有二十三年，看着他的生活处世，然后学到怎么过怡然自得的日子。

比如，钱先生八十八岁时眼睛完全看不见了，每回我们去看他的时候，都帮他读报。有一次读完报、聊完天，他就问我："你快不快乐呀？"我说："快乐！"他就说："你为什么快乐呀？"我说："好像人生没有什么过不去的困难！"他点点头："很好！那你教书呢？"我说："教书是我快乐的源头，建中的学生实在是太棒了！他们原本就好得不得了！他们一旦听懂了道理，就像羚羊一样飞跃而起，让我实在太快乐了！此外还有，我爱读书。"他就点头，又问："如果这些都没有了呢？还能不能快乐？"我说："老师你的意思是，你读书读了一辈子，但现在眼睛看不见了……"他说："对！如果这时还能快乐，才是真快乐！没有任何依傍，你才是真正享受到人生的快乐。"此语给我的启迪好大好大！我们每次去看他，他都会在言谈中突然冒出来一句话、一个提醒。

我还有一个很深的印象。钱先生过九十岁生日，我们祝贺他长命百岁，他也笑着点头，他那时候正在抽烟，就擦上火柴，点了烟斗，要我们看那根火柴，然后摇一摇火柴就熄掉了，他说："我现在就像这样。"大家就说："你不会！不会的！"他说："不是！你们要知道人的身体会衰老，到衰老的时候，活一天是很辛苦、很吃力的，不要以为活着就好，而是你们要怎么活。"很多时候，他轻描淡写的一句话往往蕴含丰富的道理。

此外，印顺法师是我真正的启蒙老师。我从小病痛，总是迷迷糊糊的，因为听了老法师的佛学课程，心境一下子就豁然开朗了。他也没受过现代学术训练，但从他那里学得的佛学教育，使我获得莫大的启发！

我觉得这四位老人在传统学术中，能充分享有自己的生活，或者说充分享有他们自己的生命本身。而我在这样的学习过程中，也提供各位一些我的读书心得，给大家做参考！

访谈三问——于出版之前

请问您持续热情推广国学、阅读经典的原因为何？

我之所以到今天仍有着高度的热情来推广经典，其实一路以来，我不只是推广中国经典、传统经典，而且也推广西方经典，我希望喜欢阅读的学生、人们都能读各种流传下来的人类的经典，因为这些经典是人类智慧的结晶，不只是生活、生命、智慧的结晶，还包含了各式主题。若我们能阅读经典，借着别人的智慧，进入自身的生存、生活、生命的理想中，我想，这可以让我们的人生更完美、更辉煌、更充满享受。

尤其在中国经典的推广中，在近代，因为清朝学术的扭曲、曲折，以至近代西方各方面的发展，相对之下更让我们醒觉自身的不足，并看见自己的孱弱、智慧的贫乏，因而也有太多的自我否定。尤其是近代许多学者，包括深耕中国传统学术的学者，很多都是带着这样轻视

编者按：作者受访于本书付梓之际，由台湾商务印书馆编辑室选摘与整理。

的眼光，来看待自己的学术。可是，我因为机缘跟着这些先生读了书以后，进入这个体系中，我觉得，就人生而言，就人的生命而言，或就人作为一个主体而言，中国经典是全世界经典中最丰富的，同时有着自身完整细腻的方法论、文字结构等。如何将这个宝库打开给大众享用，是我这一生努力的方向。

您自诩为快乐的读书人，可见阅读给您莫大的收获。可否谈谈阅读带给您的影响？

阅读给我的影响太深远，我从小身体不好，必须很孤独地在病痛中生活着，从开始阅读之后，才让我对生命有着无限期望。我阅读的范围很广，包括我母亲当时为我准备的宗教童话、神话故事、一般的儿童故事等，以至小说、世界名著。从这当中我了解到，诚如《约翰·克利斯朵夫》里所说的，"英雄不是没有怯懦的时候，只是不会被怯懦征服"。全人类都有痛苦的时候，只是作为一个有智慧的人，不会始终沉溺在痛苦之中，他会找到一条生命的出路，让自己充分享受生命；同时，阅读也让我看到人们生活的艰辛，这使我对于人有极大的同情，而后当我读佛学时，我了解那份悲心悲情的重要性，进而更了解孔子谈的"仁"——仁爱的"仁"，那份爱的圆满性的展现，所以我努力地向这些地方拓展，也因而享受到快乐的人生。

这次新书出版，有没有什么特别的期待或期望？

对这次新书的出版，我确有期待，但并不是希望有众多读者买书或想有些什么名气的缘故，而是心中充满好奇，因为那些都是我的读书心得。当年针对孩子们的问题，我可以畅所欲言，告诉他们我的想法、看法等。经过了几十年光阴，大家说当年的建言还是对人有所帮助的，这是我好奇的；同时，我也期待观察：是真的吗？真是这样吗？

我自己有些意外，但是很开心能够有机会给人们提供一些帮助、教育或建议。这是我个人的期待，也谢谢所有帮忙的人，让我领会到我原有的努力及提供的是真有益于大家的，更让我领会到《论语》中所说"切磋琢磨"的真谛。

目录 | c o n t e n t s

辑三　处世的智慧

辑一　如何唤醒青年力

青年的问题与烦恼

今天社长给我一张上次座谈会同学们提出的问题，总体说来，这些问题可能是同学们极关心的，也就是青年面对成长的烦恼——从生理到心理，从个人到社会。

现在就从社长提出的家里的问题谈起。他说，在家里，父母对你们的关怀，特别是母亲的关怀，并没有因为你们长大了而改变。他举了一个例子，说他母亲甚至有时候端着牛奶追到车站要他喝下，使他感到非常尴尬（在这点上，我觉得他相当健康，因为他能面对自己的问题。我们要解决自身的问题，首先要能面对问题，而且能够表达出来，那么，随着年龄的增长、经验的增加，或许这些问题就会迎刃而解了）。他问这时候该怎么办，如何表达才不会伤害到母亲的心。的确！如果拒绝，母亲会受伤，尤其是这份爱心，是全天下都找不到的，

编者按：本文中，辛老师杂谈青春期特有的困惑并提出建言，期勉青年不畏困难，视成长为礼物。

我想能不能预先在出门前就提早喝掉它呢？在你们这个年龄不太爱吃东西，尤其是早上，为了赶车，时间很仓促，所以你们常不吃早点或有不爱吃的。同时性格上又有一股表示自立的冲动，特别是大人们要你们做什么的时候，你们直接的反应就是说"不"。

青春期面临的特点

你们都是青春期的孩子，所谓青春期，男孩子的平均年龄是十四岁到十八岁；女孩子的平均年龄则是十三岁到十七岁，这四年时间，我们或许可以称它为青春期吧！这四年，属于青春期，我们特别用一个"期"字，就是代表这是我们一生中一个短暂的时间。但是，这短暂时间的变化是非常激烈的，它使作为孩子的你们，经过一番激烈的变化，进入青春期。在这个时期，会经历从生理的急速发展到心理的种种变化，心理学家又称这段时期为"狂飙期"。

一如你们在十二三岁开始，可能有一种经验，就是时常打翻一些东西，走路会撞到东西，这是因为你们的骨骼发育太快了，肌肉无法与之配合。还有你们会变声音，男孩子们会有喉骨，女孩子会有乳房，以至于你们身体、性征的一切快速变化，通常都在这四年中激烈发展出来。至于要真正成熟，就要等到二十一岁了。

如果就生殖力来说，从发育开始到目前，你们都有了生育能力，所以，在以前，男孩子十六岁、女孩子十三岁就可以结婚，这也是造成了中国"东亚病夫"的因素之一——因为结婚太早，就是在尚未发育完全时就生下婴儿，对身体是不好的，至于年纪过大才结婚生下的婴儿，身体也多半不好。所以，一个男孩子最好的结婚年龄是二十三岁到二十八岁，女孩子则是二十岁到二十五岁，这是成长后的问题，我们在此不谈。我们要谈的是青春期的问题。在这快速的生理变化当中，影响到我们心理上，会发生很严重的问题。是什么呢？就是由于我们身体上激烈的变化，连我们自己都无法适应，一下子我们的衣服又短了，一夜之间我们好像长高了几厘米，连走起路来都感到怪怪的。特别是高个子的同学大多有这种经验。小个子的同学则忧虑着："为什么我还不长高呢？"高个子的同学却忧虑着："我怎么长成这种样子？"所以，在这激烈的变化中，青春期的孩子一般都缺少自信。

我常说青年的自尊心很强但也非常脆弱，很容易受伤害，只是反应有所不同。这是人类的通性，也是青春期容易有的状况。有的人可能变得非常退缩、抑郁，甚至有许多人从退缩、抑郁，转变成攻击行为，企图用攻击的方式来肯定自己，但是，这基本上都是缺少自信的表现。这个缺乏自信首先是来自生理的，因为你们长得太快了，在不自觉的状况中，你们对于明天的自己也没有相当的把握，因此显得欠缺自信。这是第一点，属于**青春期心理上的特征**。

第二点，是**由于你们的成长，包括内分泌的影响**。很自然地，应该是来自生物的本能，同样地，也是不自觉地或自觉地要求自立。你们希望自己能做些决定，希望自己能做些事情，你们会觉得依赖是一种羞耻，也因此对于父母原有的关怀感到厌烦，尤其是母亲。所以，在青春期会与父母发生冲突，尤其跟妈妈发生冲突最多，在青春期后期与爸爸的冲突最激烈。为什么？因为父亲的权威仍在，而你们要站出来了。前几天你们有一个学长来问我，他说，因为他爸爸是个旧式军人，从小只要兄弟姐妹做错事情就打他们，完全以军人带兵的方式教育孩子，只要孩子不听话就打骂。一直到现在，兄弟姐妹都长大了，还是这样。他现在实在感到无法忍耐，来问我怎么办。我说："你怎么办？"他说："现在他大叫，我就大叫；他在楼下叫，我就在楼上叫；他摔东西，我就摔东西。可是，每次这样，我都很难过。"

我说："你能不能先换另一种角度看看这个问题？你是否可以试着站出来，不要因为你是爸爸的儿子，你就必须孝顺；也不要因为是你的爸爸，就要求爸爸改进。你暂时不要这样要求、这样想。你先站出来变成旁观者，看看你爸爸，同时看看你家，看看你爸爸妈妈的关系，审视各个家人之间的关系和每一个人的个性。在观察之后，你了解爸爸何以采取这种方式，下次爸爸再骂你时，你离开，等到爸爸气消了，以爸爸能接受的方式，说出你们家人的感受。"

我又问："你爸爸何以吼叫，是否他在树立权威？你能就你所了解的分析一下吗？"他说："表面上是在树立权威，可是据我观察，他似乎是怕失去我们。因为我父亲十几岁就开始为了生存而从军，他成长的岁月似乎是一个人独自长大，所以，我觉得基本上他是缺乏安全感。现在我们都大了，我们都不太爱听他的话，特别是我们又跟妈妈很好，因为妈妈总是在爸爸大声吼骂后来安慰我们、鼓励我们；要不是妈妈，我几乎会变成一个混混，所以所有的孩子都和妈妈亲近。爸爸常常看到我们和妈妈又说又笑，也想加入。但他一来，大家就都不讲话了，然后作鸟兽散。依我的了解，父亲的敏感、不安全感与被孤立的感觉，现在似乎是特别强烈。"我说："对！因为你爸爸也面临了一个从男子汉走进老人的阶段，已经感觉到他将失去年轻的自己，然后又看到家人和妈妈好，那种被遗弃的感觉就出来了，所以他的大声吼叫，表面上是树立权威，实际上很可能是要引起你们的注意，你们要尝试着去了解。"

当然，这是成年人面临的问题。至于你们这个年龄的问题呢？你们**从建立自信的问题进而会面临到渴求自立的问题**。你们会不自觉地要求自立，因为你们很快会感到如果父母给予爱的方式，跟自己渴望自立的心理相互冲突的时候，便会感到有压力、不愉快等。你们要求自立，对自己却没有自信，因为你们对于自己的未来、自己的变化是相当陌生的。一方面是因为与你们小时候的经验不同，另一方面是变化激烈。今天的自己和明天的自己不一样，后天的自己和明天的自己又不同，所以你们对于未来并不十分肯定。你们要求自立，但对于自己是陌生的。第一是来自对生理的陌生；第二是来自对开始意识到的社会的陌生。加上你们的思想在变化，你们对自己的想法也感到陌生。对于人生事物的好好坏坏真有此一时也、彼一时也的感觉。不要说你们，我也有这种状况，只是你们恐怕更激烈。也因此你们对于所接触的社会，包括自己的感觉，也都没有办法掌握。所以，你们虽然要求自立，但并没有真正的自信。

从这里产生**此阶段的成长的问题**。随着你们身体的成长，做父母的也有个误解——你们长大了，应该懂事了，但另一方面又说你们还小不懂事。我亲戚有一个孩子个子非常高，才初中二年级就一米七八高，他爸爸觉得他长大了，什么事情都想让他负责，爸爸说："你是长子，又这么高大，你该为家里担负起责任了。"这个小孩子忙着替家里分担工作，然后要读书，又要去练小提琴，忙得筋疲力尽，两眼发呆。妈妈又说："你怎么老是那样呆头呆脑的，一点也不活泼，人大了要学着活泼点。"可是等到某些时候，又说："你还小，不懂这些事。"不仅父母如此，师长们也有这种情况。比如：有时你们提出一些问题，由于你们言辞、口气不对，老师就会骂你们："这么大了还不懂事，讲话这个样子。"而要求你们应该达到某个程度的懂事；可是等你们正式提出一些严肃的问题，或者一些意见，他们又说："你们还小，不要多说。"像这些地方，这种双重的要求，都会让你们心理上产生许多冲突和茫茫然、无所适从的感觉。

第三点，你们**对于社会环境的意识**。你们已经开始意识到自己之外的社会，有一个群体；你们不能再以自己为中心，用自己的好恶做一切判断；你们很在意别人对自己的看法，尤其是上了高中。是不是？你们很在意其他同学对自己的看法，所以，基本上，高中的同学，外表大多文文雅雅的，谈话也相当有分寸。事实上，在文雅、分寸的里面也有一层保护色，原因是你们害怕被伤害，害怕被否定。你们希望在同学当中仍能够像初中时那样呼风唤雨，能够赢得老师、同学们的注意。因而在高中就有些极端的例子，比如：有些人在学校时表现得又笑又叫又闹，把自己变成一个非常活泼的人物，而实际上自己不是这样的人；有的人表示自己不爱看书，不过学业成绩仍非常好，让同学们视之为天才，他以此扬扬自得，傲视同侪，其实回家读书读到半夜。我就曾遇到过这样的学生，他每天来到学校的话题就是"我前天跟某班的女孩子出去玩了""昨天又跟另一个女孩子出去玩了"，每天所讲，不是今天在这里喝了茶，就是明天又在那里喝了咖啡。每天这么说，他的成绩却一直保持在前三名，同学们当然都视他为天才，对他敬爱有加。可是到了高三，功课重了，要联考了，他上课常常打瞌睡，脸色也越来越差。起先我以为他妈妈不做饭，导致他营养不良，因为我看他从来不带饭盒，都吃买来的盒饭，我觉得这样营养不好，就跟他家里联络。结果一跟他妈妈通话，他妈妈就说："辛老师，我正要找你，我这个孩子呀，每天看书看到四点钟，都不睡觉，你看他的脸色越来越差，饭都吃不下了，我给他做的饭他都不带，还嫌我做的菜不好吃。他每天最多睡三个钟头，你看他每天四点钟睡觉，七点钟一起来，就跑去学校了，怎么办？你一定要说说他。"我才知道这个秘密。

另外一种人因为初中的时候非常优秀，到了高中以后，没有办法取得这样的成绩，可是又无法面对现有的状况，于是装出什么都不在乎的样子，当他失败的时候，便可以说："因为我不在乎，所以我考坏了，如果我读书，一定会好，只是我现在根本不读，学校成绩算什么！"有的同学，就去玩乐去了。有的就钻进了玄秘的领域，去看一些很奇怪的哲学书籍，去探讨生命的问题和人类的起源，而这些有时是一种补偿的作用，想从这里头获得一种肯定，以证明自己不是毫无所成的。还有的就去追女朋友去了。总之，他放弃了书本课业，但一定会去追求一样东西，来肯定自己的能力、自己的收获。而这也是他意识到社会大环境，希望被社会肯定的一种表现。当然，这并不是说凡有这些现象的都是在逃避什么；而是说有些人会因不肯面对某些问题，有以此作为心理补偿的例子。

第四点，就是**此阶段的感情问题**。感情的问题到了这个年龄则进入一个非常激烈的阶段，同学们不要忘记我们人类也是生物，虽然在国学社我们常常说——达尔文的进化论仅仅是生物发展到动物以至人这一个阶段的法则。但从人开始，再往前发展则是人本身的进化，所以，人的世界跟动物的世界，在中国人的观点中，是不该完全相同的。

"争"与"不争"的立意

现今西方人用生物进化的法则来说明人类社会的发展，所以他们强调一个竞争的社会。他们从小就有各种各样的竞争，包括运动会。在他们注重的运动中，就有培育小孩子"争"的精神。你们的学长从美国写来一封信，他说："在美国有一个很大的好处，就是只要你不喜欢，他们会尊重你，不勉强你，所以你有什么话可以讲，你有什么要求可以讲，你有什么感觉可以讲，可是他们绝不'让'。如果你还用一种中国人的观念，说我得谦虚一点，你就完了，他们马上踩着你过去，绝不客气，毫无同情。所以，你到美国社会里，必须发言，必须去争自己的权利。当你去争的时候，他们会觉得你很不错，你应该争，那么该给你的，他们就会给你。你要是不发言，要是有点客气，他们立刻把你的机会抢走。"这种精神他们从小从各种事物上培养、锻炼，包括从运动上来培养，比如各种球类比赛，到技艺的比赛、竞争，到各种滑稽的比赛等。

而中国人呢？中国人不讲争，中国人要揖让而升，这是在射箭中可以看到的。中国人反对"争"，基本上中国文化的特质就是"不争"。一个"争"的社会，是建立在生物到动物的这个发展法则上，而中国人认为，人应该再往前进。西方人似乎没有办法想象这件事，他们今天想象人的进化，一定会进化到一个大脑袋，因为人类不断思考，然后手会缩小，因为手只需按按钮。他们只能从形象上去幻想人类进化后的样子，而没有办法从人内心世界的提升来想象人类的进化。

与生物有别，谈人的进化

中国人认为，人的进化是来自**心灵的提升、智慧的发展和情感的陶冶**。因为身体不会再有激烈的变化，而人之所以为人，脱离了动物，就使人的心灵更能活动起来了。心灵的活动包含刚才我们所说的智慧、情操等，是一种自觉的活动。所以，中国人认为，人的进化是：人、贤人、善人，到君子，再到圣人，庄子认为更往前进到神人，到最后更不得了了，更往前进，可以不要吃饭了，这是庄子的一个理想，那完全是一种心路历程。中国人认为，人的再进化，完全是一种心路的前进与发展。所以，中国人反对"争"，强调"仁"，也就是我们国学社所标榜的理想。不过，当我们看问题时，要了解人在整个发展过程当中，目前仍然有生物本能的活动，一如生物一般。

什么叫作生物呢？生物就是能自行觅得营养，就是能够吃东西让身体吸收，以维持自身的生命；而后能够绵延种族；能够去寻找、发展、创造适合生存的环境。

适合人类生存的环境，不仅包含了物质的满足，也有精神的需要；所以，人不仅需要吃，还需要听音乐，需要有精神活动。只是我们在生命发展过程中，仍会受到生物本能的一些影响。

而维持自身的生命后，我们如何绵延种族呢？在生理上，我们会发育，会有生殖能力，可是单单有发育和生殖能力还不够，我们还会有所爱。

我很鼓励你们去看生物的电影，前些时候有节目介绍英国的特产，是一种只有两尺半①高的小鹿，这种小鹿平常都是单独生活，可是一到春天和秋天，母鹿就会分泌出一种特殊的气味，公鹿就闻着这个气味去追它。这个时候，你们会发现一种奇特的、超乎寻常的能力，出现在这只公鹿身上，它可以追着母鹿几天几夜不觉疲倦，一直到母鹿答

① 1 尺 =0.3333 米。

应和它"结婚"为止，不眠不休地追随奔跑，甚至可以跑上一千英里[①]的路。这是我们看得见的一种能力。

还有蜘蛛的例子，蜘蛛"结婚"是一出壮烈的悲剧。因为公蜘蛛的体形通常比母蜘蛛小数倍，尤其是那种特殊的毒蜘蛛，母蜘蛛可以长到我们的手掌那么大，公蜘蛛大概只有一寸大，[②]可是到它们"结婚"的时候，公蜘蛛有本事将母蜘蛛那么笨重的身体推开。公蜘蛛跟母蜘蛛"结婚"是冒着生命危险的，因为母蜘蛛事后会把它一口吃掉，可是在这么危险的状况中，它仍是奋勇前进。这是我们从生物上看到的生命繁殖里的一种特质。

男孩子到了目前的年龄会忍不住去注意女孩子，这是非常自然的；有的男孩子也会不觉疲倦地跟着一个女孩子一直走；还有的男孩子宁可每天多搭几站公交车，等那个女孩子先下车，然后再走回家。是不是？有时一大早爸妈怎么叫都叫不醒，可是突然有一天，发觉有一个女孩子每天要搭早上五点半的公交车，他也就神奇地早起跟着出门了。这就可以说是一种生物的本能，上天似乎要人类靠着这种生物本能的力量以达到繁衍种族的目的，所以，基本上爱情生活的背后，都有生物本能的推动。

只是人不同于生物。

首先，生物很简单，它们完全被自然规律支配着，纯粹是一个生理的问题，所以，它们只有在春秋两季有固定的交配期，此外大部分动物都各营自己的生活，只在大自然的时序之下凑合起来。人不同，人不但有生理的问题，同时还有心理的问题，所以人的爱情就多彩多

---

① 1英里 =1.609344 千米。

② 1寸 =3.3333 厘米。

姿起来了，就不一样了。

其次，所有的生物在怀孕生产后，母子之爱、父子之爱，所谓的亲子关系，基本上都很淡薄。淡薄的程度，以上一代对下一代的照顾时间而定。一般来讲，照顾的时间越短，亲子之情越淡薄，如鱼等；照顾的时间越长，亲子之情也随之增加，如大象、猴子。到人呢？人是所有哺乳类动物中，亲子之情最深的，何以故？因为下一代的成长需要上一代的照顾时间最长，也因此人的爱，较其他动物的爱，从生理上就已经不同了，更何况还有心理、精神的反应。所以，人本身的爱，在每一个成长的阶段，都会有一些特定的现象。如在童稚时期，从一岁到六岁，这一年龄段特别依赖父母；六岁入学后，他们会关注玩伴——这在心理学上称为"爱标"。到了十三四岁开始进入我们所谓的青春期；到了十八岁，由十八岁到三十岁甚至于更年长，我们的"爱标"主要是在异性身上。男孩子在十三岁到十五岁有一段时期，很讨厌女孩子，不过这个讨厌只是一个过渡，表面上好像很讨厌，实际上，却又会因讨厌而观察一下。十五岁以后，慢慢开始希望认识她（女孩子也有类似的现象）。到了三十岁以后，慢慢地会发展到拥有子女，到拥有事业。当然，还有一些细节未讲，比如说十八岁这个年龄，你们或许会说："不对啊！我现在所要找的是知己。"是的，从十三岁开始，到三十岁之前，我们的爱不仅仅是对异性的寻求，我们还有另外的需要。什么需要？首先是对真正志同道合的朋友的需要，就是所谓的"同志""知己"。其次是老师，因为在这段成长期，特别需要老师、长者指点，因而这段时期，特别容易对某些特定的老师产生崇拜之情。然后则是事业，也就是你们的理想。

有人说这是青年的四个大梦——希望能够找到知己，拥有伴侣，希望能有老师指引，盼望能建立事业。

青春期的情感课题

我们已把构成青春期感情的因素说完了，再回到感情本身。青春期的感情是非常丰富的，因为这时的感情有一半或者三分之一是来自生物本能，它推动着我们，发展出强烈的情感；如此我们才会开展我们的生命去追寻。追寻什么？或是知己，或是伴侣，或是老师，或是事业。为什么？所谓的知己，所谓的伴侣，所谓的老师，所谓的事业，实际上是人类生存绵延中不可缺少的因素。一般低等动物的绵延只是生殖的绵延，种族、血缘的绵延。但是人类的绵延，不仅有血缘的绵延，还有事业的绵延、思想的绵延和精神的绵延。在这个年龄段，人类情感的丰富程度和由于情感而来的心理变化超乎其他动物，所以，我们看到许多年轻人会为国而死，很多年轻人会为爱情而死，很多年轻人会为知己而死，为真理而死。我们可以了解在这些伟大的活动后面有着这样的一种基础。大家不要以为这种基于生物本能的情感是差劲的而摒弃，如果这样，这是有些违反自然的，再说，如果你们故意去自我设限，不要这份感情，也不是很好的发展。重要的是，如何在这个基础上加以提升。而我这样说，就是要让你们懂得真实的感情。你们在这个年龄段，感情非常丰沛，对于任何事物都是热烈的，有一种激情在内。赫尔曼·黑塞写的《彷徨少年时》，你们可以看看。

赫尔曼·黑塞是德国作家，曾经得过诺贝尔奖。这位作家最大的特长就是描写青年人的感情，他所有的作品几乎都围绕在这一点上。

我借用他这本书中所说的："这段时间，青年人的感情就如站在危崖上摘折一朵鲜花，非常激情又非常悲壮。"你们许多苦恼基本上都是从这里产生的。也因此，你们寻求知己是渴望被了解，同时也渴望被欣赏，进而被肯定。基本上，所谓青年人的情感，就从这四方面——知己、伴侣、老师、事业，产生出来。以这四方面为中心，然后围绕着你们所遭遇的种种问题所产生的状况，而影响到你们的生活等。在这当中，如何解决你们现在的困难与苦恼呢？我认为，适度地去看一些书，可以帮助你们了解自己，使自己的情感从激情导引到一种比较合理的路上。

借自身教育——阅读启发思考

如何导引青年人从激情进入理性的世界？

这里首重思想的启发，然后达到理智的锻炼。在这段时期，你们对自信的建立和对社会能力的肯定，以至感情的获得，都需要思考。所以，青年时期是非常重要的思想启发阶段。若是这时学校的教育不能满足你们，家庭的教育无法满足你们，社会的教育也没有办法满足你们，你们就要自我教育。

而自我教育中，看书是相当重要的一种方式。比如：

第一，不妨看看**心理学**的书，目前以选择较科学性的为主，因为这种书有许多实验和统计。

这种实验和统计的数字可以说明这个状况中变化的问题，稍微看一下这一类的书之后，可以知道自己现有的问题不一定是个人的问题。

你们现在最大的一个困惑是——想融入社会，但是又害怕被孤立。因此有许多问题，常常在以为只有自己才会这样子时发生。但当你们看到这一类书以后，就会了解到：原来别人也有同样的问题存在，原来每一个人经过这个阶段都会有这些问题，而他们都长大了，我想我也会长大。想到这里，心中的困惑自然迎刃而解。这些书因为有一大堆的统计数字，看起来会让人非常理智、冷静，我觉得非常适合你们看，可以导引你们走入较理智的路上去。我不鼓励你们看什么美国生物学家阿尔弗雷德·金赛的报告，或奥地利心理学家弗洛伊德心理分析的书，因为你们还未到可以看这些内容的年龄。

第二，你们应该选择一些**谈论历史问题的书籍**。

因为历史是一群人的活动，不仅是一群人，还是古往今来一大群人的活动。那里有着种种的经验，可以扩大你们生活的天地。从哪里扩大？从心理学中、从历史的活动中扩大你们的眼光。从心理学中，你们会知道原来某些问题，不是自己独有的，而是整体的；从历史中，你们会了解到人们原来的活动是怎样的。

第三，我鼓励你们**看文学、看小说**。

但是我不赞成你们太早看存在主义的小说，我也不是说一定得去看《红楼梦》《三国演义》《水浒传》。我想，现代的小孩子很少有把这些书都看完的。

我个人从初二开始看《红楼梦》，一直到研究所都没看完，我总是挑喜欢的部分看。我到什么时候才看完的呢？真正从头到尾看完，然后真实地为其中的事物感伤，是将近三十岁时。为什么？因为经历人事，懂得情感，再看《红楼梦》，真是"满纸荒唐言，一把辛酸泪"，曹雪芹说的一点都没错。中国人的著作大体有个问题，就是中年以后读了才能理解、才能真正感动。为什么？因为有了人生经验，才会更懂得情感的问题。所以我并不鼓励你们现在就非读《红楼梦》不可。至于《三国演义》《水浒传》，你们要真懂这些书的好处，同样也要到某一年龄阶段。

《水浒传》我初二看完，可是不懂，觉得无聊透了，只是家里逼着看，当时读了不仅觉得无聊，而且觉得不正常。这个人杀那个人，这群人要挟那群人，简直可怕，什么社会！而且它似乎鼓励报复，这绝对不对。我高中时看到了夏志清的文章分析——《从〈水浒传〉看中国社会里的报复意识》，我拍案叫绝说："写得好！写得好！"说我之所不能言。然后再大一点，看萨孟武先生的《水浒传与中国社会》，更深入谈《水浒传》的报复意识，"啊！更是好极了"！可是等到我再大一点，再看《水浒传》，感受完全不同，觉得他们两人的说法不能说错，可是没有触到《水浒传》真正的核心。同样地，《三国演义》也是如此。

我完全懂得《三国演义》，是到了很大的年纪，我记得那时我已二十八岁了，看懂了之后，跟学生讲《三国演义》，讲得慷慨激昂，学生虽没有痛哭流涕，也非常感动而难受。为什么难受？《三国演义》实际上是一个很令人伤痛的故事，是一个悲剧，它从人类的整个长远的时间来看，在这个世界当中，谁是主角，你们想想看，《三国演义》中谁是主角？没有一个是主角，所以《三国演义》以这一阕词开头："滚滚长江东逝水，浪花淘尽英雄，是非成败转头空，青山依旧在，几度夕阳红。白发渔樵江渚上，惯看秋月春风，一壶浊酒喜相逢，古今多少事，都付笑谈中。"最后以一首诗结尾，而诗里则讲一个"梦"字。前面讲一个"空"，后面讲一个"梦"。

我们在整个人生中，常自以为了不起，诸葛亮不错吧，曹操亦然，但该走的还是得走。所谓"你方唱罢我登场"，人世间全是一场空梦，从这样的一场空梦中，再看人与人之间的诈术，多么荒谬与可笑！而又挽回得了什么？进而从这样的背景中，讲情义、讲知己、讲知其不可为而为之的奋斗，如此而展现人性的庄严和光辉。这些等到我二十八岁才懂。你们这么小，现在所注意的多是些热闹场面，当然，喜欢看的仍鼓励你们看。

而我很鼓励你们去看西方小说。

我是看西方小说长大的，我到高中，将在那个时候能够看到的西方小说几乎都看完了，当然那时候没有电视，升学竞争也不像今天这么激烈。

看西方小说，可以从浪漫主义小说看起，如：雨果的《悲惨世界》、英国的《简·爱》，这些都是描写人道主义的。雨果是宣扬人道主义的，到了《简·爱》，是从人道主义讲到了爱情，还有《傲慢与偏见》这种小品。然后读《呼啸山庄》，又看了哈代的《德伯家的苔丝》《还乡》。再然后看法国的自然主义小说。当然，在雨果的那个时代，还有大仲马的《基度山伯爵》、小仲马的《茶花女》。另外，还有狄更斯的作品，如《双城记》。再之后又看到法国写实主义小说，像左拉的作品，还有左拉之前的巴尔扎克等，一直看到沙俄时代屠格涅夫的《父与子》、托尔斯泰的《战争与和平》《安娜·卡列尼娜》，这种大部头的书。还有法国罗曼·罗兰的《约翰·克利斯朵夫》。你们试着去看，这有什么好处呢？一方面有很多爱情故事，他所歌颂的爱情都是非常伟大的。像《简·爱》里面，男女主角都分开了，可是当男主角陷入绝望而高呼着他爱人的名字的时候，那个女主角听见了，从几千里外听见了，然后一路奔回去，最后有情人终成眷属。小说不仅可以满足你们这时候的热情，同时也能提升你们对爱情想象的层次。

有了这些经验以后，你们会有些理想，当然，这些理想不一定对你们有直接的好处，但是这些理想会使男孩子不会为了追女朋友而追女朋友，有很多人是为了追女朋友而追女朋友，到最后，弄得很疲倦，因为看别人身边都有一个伴，自己身边没有，"这怎么可以呢？"那么也不管好坏，就非要一个不可。一些有深度的女孩子，多半都会看些小说，你们可以跟她谈谈话，或许会遇到让人觉得很有灵性的人，可以成为有心灵、有智慧的一群，在选择你们将来的伴侣时，也有一个共同的基础，这个基础便是心灵、情感的基础。像屠格涅夫、托尔斯泰、罗曼·罗兰、雨果等人的书，都有着伟大的人道主义精神，也有着对命运的看法，这都是我们到了某一阶段会特别感兴趣的，它可以带给你们某种丰富的人生经验。

读历史可以扩大你们的眼界，同样地，文学则可以带给你们许多人生经验。你们将来若想更进一步地看心理学的书，甚至有同学要走心理学的路，最好要有文学的基础，因为在西方的小说中，到《红与黑》这本书的时候，就开始走心理分析的路，所以这本书以后的许多小说，基本上都有心理分析，这给你们一个好好观察自己、了解别人的机会，同时也可抒发你们郁积的情怀。这是我个人觉得一个青年所该有的一些自我教育。

第四，还有一些**科学性的书籍**，你们也应该尝试着去看。

毕竟科学是一个理性的、理智的东西，如相对论浅解或漫谈，不管是否看得懂，都去看一看。或者《数学漫谈》，它用最简单的数字开始，告诉你们什么叫数字，然后讲数学发展的过程。另外，还有《生物学漫谈》，让你们了解生物的问题。我记得我像你们这么大的时候，很喜欢跑图书馆，不过我那时候没什么补习，时间很空。那时候的美国新闻处可以让高中生进去，我最喜欢到美国新闻处看那种大部头的书，有点像我们现在的生物百科全书，里面有很多图片，我当时最喜欢看有关生物和太空方面的图文，到今天我还保持着这两方面的兴趣。

生物可以让我们了解生命的本身，太空可以扩大我们生存的空间，这是我最喜欢的两样东西，而这些东西也对我个人的成长有许多帮助，甚至帮助我从另一个角度去看中国的古典书籍，进而了解中国文化的伟大与美好。

确立目标向前，更要保持弹性，珍惜现有

下面我谈谈个人的成长过程。

我的成长没有你们顺利，我小时候智力发育很缓慢。我常常跟学生说，你们应该庆幸自己很聪明，能够考上高中，考进高中有什么好处呢？你们四周的人都这么聪明，到大学去或许都没有像在高中有这样整齐的素质。第一，你们是在某些成绩表现上被挑选进来的；第二，由于你们聪明优秀，几乎比一般同龄的孩子更容易懂得理想。所以高中的孩子多半有着对知识、真理追求的热忱。在这两个条件当中，你们四周都是智慧的火花，多少青春期的压力就在高中这样的环境之下减轻了。

你们去看看其他的中学生，他们快不快乐？他们或许比你们"风光"，比如有的穿那种窄裤子，走那种步伐，或者骑着摩托车呼呼地跑，可是你们看看他们的脸色，基本上是不安定的、不快乐的，所以他们才会从事疯狂的活动。他们想要用那种方式来建立自己的存在感，有的甚至吃迷幻药、打电动玩具，因为他们不知如何安排自己，所以必须借这些方式来肯定自己。

在这些状况当中，你们就不一样了，你们有一个确定的目标，哪怕目标是父母给的。有些同学说：我读书好像是父母要我读，我要读给父母看。虽然如此，在你们这一生中，这可能也是好的。我们把人生看远，知道前方有一个目标非要你们去走，于是它吸引你们也耗费你们很多的精神、体力，使你们的生活变得单纯，同时不断提升你们的情感，使你们不至于下坠到较低的层次。所以这基本上是好的，当然，好坏还要看你们怎么使用它。

还有，很多时候，你的烦恼阴郁，会因为某位同学的一句话，一下子豁然开朗起来。我看周记时，看到我班上的一位同学讲他这次月考考坏了，心灰意冷，可是有一个同学跟他说："我们有这么多的考试，不可能把每次考试都顾得很好。既然你天天都在读书，已经尽心了，考坏了，又有什么好难过的呢？你如果不读书，考坏了，会很难过，可是你天天读书仍考到这个程度，那是没有办法的事情嘛，每天有三四个考试，有一次考坏了，也是非常自然的事，没什么好伤心的。"听了这些话，就让他豁然开朗起来了。

试问，有多少高中生是在这样的过程中度过自己的生活的。拥有这样的环境，是很值得珍惜的，所以你们要善用你们所处的环境。

交友之道

再来，谈到结交知己朋友。

交友其实很简单，自己得先付出，但不要先想获得，不要想：我给他这么多，他却还我如此少，甚至不还。真正的交友之道是一定要先付出的，所以古人说："朋友之道，先施之。"你们要先付出，付出自己的关怀和热情，没有获得报答就算了；有，你们就获得朋友了。至于知己，人生有一两个就已经是很幸福的了。不要有奢求，这么小就想获得知己，得到的也是一时的知己。

在我自己的经验里，当年拍胸脯保证，我将来一定会如何如何的，到现在，各人有各人的看法，各人有各人的事业方向。因此你们要了解、领会，知己是很难得的，能获得是人生的一大幸福，你们可以追求，但不要说马上就要获得，更不要为此苦恼。

至于交朋友，除了先付出自己的关怀、自己的爱心之外，也不要太挑剔，不要老用批评的眼光去看人，这样，就会有朋友。当然，在朋友中要有所选择，基本上要以厚道的人为主。在挑选厚道的朋友之前，我们自己要先厚道，如果你们遇到刻薄的、占你便宜的，那没什么关系，一个人要培养这种心胸跟气度，你们有这种气度，也是将来为人处世的一个很重要的基础。因为长大进入社会后，你们会发觉，真是所谓的"人生之事，不如意者十之八九"。

昨天你们的学长来看我，他就说："某某先生这么有学问，可是做出这么恶劣的事情，是不是他后来走了岔路？"我跟他说："当然是的，不然怎么会这样。不过，再大一点你就会懂得，一个人想走正道，是有些辛苦的，这个辛苦远超过一个人什么都不想、糊里糊涂地过日子。可是，问题是我们能不能回到糊里糊涂呢？不能！我们当然得走下去，往前走又要走得没有错误，那是很艰难的！"所以在这些地方，如果我们本身心态宽厚以对，我们将来的人生道路也会比较顺畅。

调整心态的方式

你们这个年龄比较追求完美，你们的苦恼，也往往来自对完美的追求。

你们的标准定得很高，常常用这样高的标准来衡量自己，你们的苦恼因此而产生。所以我常跟我班上的学生说：若要就分数而定标准，就从现在的标准定起。我问他们现在数学考多少分？三十分，好，你的标准就从三十分定起，你的英文考多少分？五十分，好，你的标准就从五十分定起，以你现在的状况定一个标准，然后逐步达到一个理想的境界，而不要定出一个标准，逼自己非要上去不可，那样是非常辛苦的一件事情。有很多人变成伪君子，就是因为他们定的标准太高，到时候做不到，只好作假，他并不是有心作假，只是情非得已；所以你们会觉得某些成年人虚伪，他们是情非得已，是值得同情的。依此方向，我很希望你们在这个年龄，了解自己的状况之后不要定那么高的标准，只要就自己现在的标准，一步一步地去做即可；并且就以你们现有的环境来争取自己所能获得的友谊；同时，如果你们有足够的聪明可以看书，就要学习阅读，注意适当休息。

快乐之道

有很多同学问我："你这一生过得怎么样？"我说："我很快乐！"他们说："老师，你为什么会那么快乐？"我说："我快乐的原因很简单，我小时候没有像你们这么好，我小时候能考六十分便感到天大的快乐。我的数学从小学一年级到高中没有一次及格过，我毕业是补考毕业，而且还是老师送分。我小学的时候被当作'低能儿'，那个时候幸亏没有能力分班，不然就没有今天的我。所以就我个人的经验，我很反对所谓的'放牛班'，因为人的智慧的发展有早有晚。小学的时候我被当作'低能儿'，每次考试都考倒数第一名，我笨到什么程度，你们都无法想象。我小学二年级考第七十七名，是最后一名，那时候我非常高兴地跑回家跟我母亲说：'我终于考及格了，您看，我有七十七分，老师用蓝笔写的。'结果我母亲一看是第七十七名，最后一名，脸上露出无奈与忧伤的表情。这件事情，我到今天都还记得。不过她从不灰心，也从不要求我的成绩，只叫我尽力。此外就是培养我阅读的习惯。从小到大我虽没有好成绩，但是我很喜欢看书，高中已经把能看到的小说都看完了。"

这个成长过程对我来讲，只要有一点点的进步就是收获。所以跟你们最大的不同在哪儿？你们考七十分就是失败，而我只要多得一分就是进步，我不怕失败。因而我想你们不妨试着忘记自己在初中的辉煌成就，以现在的状况开始。先抬起头来看看自己周围都是些什么人，你是当年的"剑王"，他何尝不是"剑中之王"，你们是一群"武林高手"——所谓的"考试高手"全都集中在这里，如果你们不调整态度，仍然一味地、固执地，想用初中的感觉来作为现在生活的一切凭借与参考，你们一定会痛苦，一定会不快乐，而这个不快乐很可能一直延续到你们上大学，到你们进入社会。因为，它会构成你们的一种行为模式，使你们不能充分适应外界动荡的社会状况。

所以，我希望你们试着**放弃那些过度自傲的凭借，重新用一个新面目开始**。即使你们今天的考试不理想，那也只是在现阶段不理想，或者只是在你们班上，不是在所有这个年龄的孩子中间，你们在同年龄的所有孩子中间仍是佼佼者，这是第一点。

你们或许会问："你那么笨，那你是怎么考上初中的？"不错，我读的那所小学升学率相当高，所以联考时，老师不准我参加学校的报名，以免影响学校的升学率，而且老师还说第一、第二志愿不必填了，能去考已经不错了，可是我终于考上了第三志愿。我是那个学校成绩最差的学生，但是在联考中我能考取第三志愿。依这个经验，所以我说你们今天即使不理想，也只是在目前这个学校，你们要晓得这个学校是多么小，面对着那么多考生，你们仍然算是佼佼者。

或许又有人会问我："那你是不是要我们放弃努力呢？"不是，而是善用你们的特长。每个人一定有自己的特长，我后来何以能逐渐进步，也就是慢慢地发觉我有些特长，我开始善用我的特长。我发觉我的记忆力还好，我就善用自己的记忆力。所以等到联考的时候就拼命背。那个时候，没有一个人相信我能考上，因为我数学不可能考好（我数学有二十分就已经很不错了），于是我就下功夫去背，高三时就把某本三百题大代数背了下来，然后拿到一题的分数。那时候有一科零分就不能被录取，我下定决心努力，无论如何我不能轻易放弃任何一科，即使是最没希望的数学，也要努力。又因为我的记忆力好，我喜欢读历史，我读历史几乎可以过目不忘。我发觉这个能力后，就善用它，所以我的历史在那一年的联考中高达九十分，那时候考试题目多出问答题、材料分析题，我能拿九十分，是非常高的。我相信你们不会落到像我这么惨的地步。

我常告诉我的学生，就从现有的开始，如果数学只有三十分，那至少要维持三十分的程度，然后加强其他的科目。有很多同学读书成绩很好，其智商可能很高。不过，他也会有其他长处，重要的是如何发觉自己的长处，一个人不要太烦恼自己得不到的。

在我成长历程中的第二点，就是我**不羡慕人家也不嫉妒他人**，我养成了这个心理习惯。

因为那个时候，我没办法嫉妒，嫉妒了怎么办？只有自己受苦，我实在是达不到；至于羡慕呢？羡慕不到就容易嫉妒，所以我就懒得羡慕，然后埋头做我的事情，等到我高中的时候，能看的西方小说我都看完了，可是我的同学们的成绩虽然很好，却没有一个人看小说。我不仅看小说，还看其他的书，因为我读了小说以后，开始懂得观察人，并尝试着去了解人，进而也就阅读更多其他领域的书，这些直到现在对我都有很大的帮助，包括教课及对人的理解，也成为我今天教学最重要的助力。

所以，人生好好坏坏，只要应用得当，就能够成为将来一个非常重要的凭借和参考，你们不必为自己今天不幸的遭遇或者不愉快心灰意冷，很可能这些将来能帮助你们做一番大事业。我觉得作为一个高中生，不必难过、懊恼，因为你们已是精英了，你们若感到自己差也只是在精英中的差而已，何况并不是真的差呢！

李白的《将进酒》里有一句话"天生我材必有用",你们一定也有自己的特长。你们有时候看到某个同学的成绩好,就要用他的方式去跟他比,这是自寻苦恼,你们应该另辟蹊径。我并不是鼓励你们非得看小说,也并不是鼓励你们不读书,去干别的事。每一个人要就自己可以做的去做,发掘自身特长,你们可以换一种方式读书,每个人都有自己读书的方式。你们会不会嫉妒田径运动员纪政——她是飞跃的羚羊;你们会不会嫉妒"铁人"杨传广?不会,为什么?因为你们知道那些东西是他的,而你们有自己的。同样地,在我们同学的生活当中也是如此。你们觉得自己初中的读书方式不理想,那就试着改变,看看自己是善于记忆,还是善于理解。其实记忆到某一个程度,可以帮助理解;理解到某一个程度,能帮助记忆,重要的是怎么去使用它。记忆要多花点时间,理解也得用时间,所以,你们应当利用自己现在的特长去读书。

善用长处,不受困于低潮

我从读书中一步一步地了解自己、了解别人,然后了解人生。同时一步一步善用我的长处,等到我使用了我的长处以后,我发觉我的短处就慢慢缩减了。以癌症打比方,据说我们身体里本来就有癌细胞存在,它也是我们身体的一种细胞,只不过恶化了而已。而一个人何以会得癌?主要原因就是坏的细胞发展出来,好的细胞被侵坏了。可是,一个人的身体如果一直维持得非常均衡的话,好细胞一直很好,坏细胞自然就会萎缩,发展不出来。

同样地，我想我们每个人的长处与短处都只有一线之隔，固执应用得当，即择善而固执之；勇气用得不对，就是逞匹夫之勇。所以，只要你们使用得当，我相信你们会逐渐发出光芒，只是不必急，慢慢来。

老师因为从小本身很多条件并不好，所以好对我是一种意外的收获，而你们从小条件就好，所以坏对你们就是一个莫大的打击。我想如果你们能改变这个心态，就可以减少很多不必要的苦恼和负担。就从你们现有的能力去追求，一步步发展，将来有一天，一如孔子所说"三十而立"的这一天，你们自然就会发挥出自己的光芒和力量。

纪政能跑，我们不能跑，我们不必跑，一样可以到达自己的终点，重要的是，我们要坚持，这是我长到这么大的经验。我也从来不让苦恼困扰我太久，我只苦恼一阵儿，然后便告诉我自己："苦恼到今天该停了，我要做事，我要读书了。"所以我不让苦恼和低落的情绪困扰我太久。同时，我也不怕错误，从小从错误中长大的经历，给了我面对错误的勇气，而更重要的是，我会努力去改过，去调整。

成长本身即是礼物

我从你们心里的困惑及青年人的烦恼谈起，一直谈到让我自己成长的过程为止。

今天你们是处在一个非常难得而良好的环境中，在你们四周，每一个同学都有智慧、有情感、有理想，这是你们一生中非常难得的环境。你们或许会说："不，我们初中、小学的时候，大家都好'知心'，现在大家好'虚伪'。"其实那不是虚伪，那是每个人都在害怕，因为你们处在一群高手之中，自然会选择保护自己，不敢放开，不敢放手去做。如果你们肯"朋友之道，先施之"，肯付出自己的关怀，一定会获得回响。真正成熟的人是懂得付出的人。

你们若希望有一天能真正成熟，真正自信、自立，可以从现在开始学，慢慢学，不要怕失败，也不要怕犯错误。人的可贵之处是**人能调整错误**，如果将来我要写自传的话，就要写"从错误中长大的我"，我就是从错误中长大的，我被老师打过一百下，因为我数学考试错了一百题，但是无所谓，我们会长大。你们也不要为现在的苦恼担心，因为你们也会长大。

这是生命给我们最好的礼物——我们会长大！

时代与人物

今天我本来要向国学社请一次假，因为钱宾四先生去世，下星期三就是他出殡的日子，我被分配担任些工作。当然，我的心情是很沉痛的，所以本来想等事情告一段落，下星期三再来上课，但是又想想，这学期一定会有许多新同学来国学社，同时有些老同学也会回来参加社课，而大家可能对这位老先生还认识不深。

当然，如果各位同学勤于看报，可能约略知道他是位学者，或说最近有议员攻击他，说他霸占北市市产。今天他去世了，在这个阶段走完他的一生，也可以说是一个新时代、新阶段的开始。

今天大家不了解他，不认识他，以致会有人站起来质询，说他霸占市产，要市政府叫他搬家，事情引发后，经报纸登载，引起各方舆论责

代编者按：这是一个剧烈变化的过渡时代，中国一直在这剧烈变化的过程中。而钱穆先生在他近一百年的生命岁月里，一直坚持中国必须自我认识，才能自我建设。而这仍是中国未来发展的一个大问题，故特将辛老师在国学社上课时的部分言论节录，以为参考。

备，于是市政府、市议会又出来澄清，只是这事件也的确意味着一个时代的结束。换句话说，就是我们真的迈入了一个新阶段。

后来报纸上曾登出来，说他决定离开他居住的屋子——那原本是台湾当局请他居住的"宾馆"，和林语堂先生一样，过去这是代表台湾当局对读书人的尊重。而今那个时代已过了，他作为一个读书人，应该知所进退。当时他很清楚地告诉我们这件事是时代的象征。

我讲这些话的意思是希望同学们能懂得：一、**什么叫作时代**；二、**如何知进退**。也就是希望同学们去看历史演变的过程。

当然，历史人物是不会过去的，可是我们生活在现实世界，会遇到很多不同的阶段。很可能一个社会、一种风气、一个群体的心理一下子就变了。很多人在这种状况中，未必能适应。很多成功的人，在大时代的轮转下被淘汰，因为不能适应。

你们现在年纪小，不一定能接触到这样的人物，如果你们年纪更大些，可能会遇到一些年长者，他们可能曾经风云一时，可是他们的时代过去了。很多当年的英雄，现在可能半身不遂。我们看孙运璿先生，他曾是一个非常好的台湾地区行政管理机构负责人，其任内正好是中国台湾经济起飞的年代，但他病倒了，同时整个社会也已经转变，这是很清楚的例子。不过，幸好孙先生能面对现实，开始他人生的新历程，他的生命并没有被浪费掉。就像你们很多高一同学，可能当年在初中都算是优秀人物；也很可能有的同学从小到大都是第一名，全校都注意他，而成为风云人物。可是上了高中，不再有那份光彩，于是这些同学不能适应；或者，仍用初中的读书方式来面对高中的考试，可是老是考不出当年的成绩，不知道怎样开辟新的纪元。

你们千万不要以为这只是我们一时的状况，其实这也象征着一个关乎历史的问题。

做知所进退的读书人

钱宾四先生是一个历史学家，这是全社会、全世界所公认的。他心底非常清楚，当报纸消息一出，他知道"议会"的言论，就决心搬出他居住了二十三年的素书楼——在他九十五岁高龄时。

他说："时代不一样了，一个新的时代即将来临，我将面对这个新时代。"

所以，我介绍他是想让同学们看到所谓传统读书人是怎样的情形。虽然我不能说得非常完全，毕竟我不是他，没有经历过他所经历的那个时代；没有做过他所做过的事，不过，我还是试着把我所知道的介绍给大家。这么做，并非要你们去仰慕一个人，而是要你们懂得真正的中国读书人是这样的，不是穿着长袍、吟着诗，也不是古时候的揖让、行礼、鞠躬，如此而已。

一个真正的读书人要有通达的智慧、清明的思想、坚韧的毅力、活泼的性格与旺盛的生命力。

基本上，中国人几千年活下来，就好像一个活化石，因为全世界的民族，像中国这么存活下来的民族不多，尤其今天中国大陆有大量文物出土。我们的文明以新石器论，可以上溯至一万年前，而且已经有极完整的社会规模。我们中华民族从万年以前发展下来，其间并没有间断。在这段人类的历史中，古埃及已经消逝了，现在的埃及很难跟古埃及衔接上；古希腊也已经过去了，现在的希腊是另一个文明系统下的希腊。这就是西方文化的一部分。如果你们去印度，也可以看到一个古老文明的绵延，但是我们往前追溯就可以知道，灿烂的印度文明，是在三千多年前印欧民族迁移到印度才发展的，而原来的印度民族，则成了贱民。印度民族的构成是在长期迁移下，分不同时期进入的结果。今天印度的贱民仍不能翻身，即使是在民主社会里。当然，犹太人也很了不起，他们也有三千年的历史，可是如果问三千年前他们在哪里。答案是仍在上帝的国度，因为他们把他们的上古史，放在上帝那里。只有我们中国人从远古生存到今天一脉相传，这不是要你们抱持大中国沙文主义，只是要你们了解我们中华民族的特点。就是在这样的一个区域中，在一万年前，我们开始有高度的文明，开始有完整的社会组织，开始农耕，建立起全世界最完整的农业文化，历经这么长久的时间，这是非常特别的。请同学们特别注意的是，中国之所以会这样，之所以不同于西方，是因为我们在一万年前就创建了这样完整的文化，我们整个文化的发展过程，都是建立在农业文化的基础上。

西方人不能说没有农业，因为人类文明基本上必须建立在可以温饱的情况下。人类必须在吃饱的前提下才能有所创造。不过，能"吃饱"，一则是农业活动，二则是游牧活动或是两者的混合型。然而，中国以农业文化为主，在黄河、长江流域发展农业文化，以及特有的文化素质。例如，中国的语言是单音语文，文字是以象形为主，与其他民族的复音语言、拼音文字不同。今天，全世界几乎只有中国这一系统的文字是以象形文字为主，以至于"文字"和"语言"各有一片天地；其间虽有重叠，但各有发展。是以，我们无法僵硬地把西方的语言学，作为研究中国语言的唯一凭借。所以，中国自古以来，语言学便是以声韵学为主，也就是研究声音的流变；而文字则有文字学。不过近代，从民国以来，中国对自身的认识已经模糊了，以致提倡现代化的先生们，往往忽略了中国本身的特质，而只单纯地做一些西化的提倡。这就像你们现在穿的名牌衣服，买这些衣服的时候，单看这些衣服实在不错，却没有想到，自己的身材适不适合穿这样的衣服，甚至包括能否了解适合自己的颜色。

就像今天上课前，我在历史博物馆门前与一个学生见面，他要去德国留学。去之前来跟我辞行，因为大家都忙，我就约他到那里碰个头，他穿了一件鲜蓝色的上衣，颜色很好，又理了非常时髦的发型，整个人看来和平常不同。他问我："老师，你看我有没有不一样了？"我说："很好，真是耳目一新！"但忍不住跟他讲："这个颜色似乎不太适合你，使你整个人显得苍白。"

我们有时穿某种颜色的衣服，可使自己显得很有精神；有时某种颜色却会使自己看起来很灰暗而不健康。这是颜色与自己肤色是否协调的问题。平时这种问题，女孩子比较注意，不过我仍提出来给大家参考。就拿穿衣服这件事来说，想穿着得体我们就要先认清自己的样子，看什么比较适合自己，什么不适合，而不可胡乱穿或一味追求名牌。

如果今天我们身材矮、腿很短，却硬要穿一条紧身牛仔裤，大概就不会太好看，还不如穿一件宽松自然的裤子。我们近代的中国，就是太忽略了我们自己，以至于在做许多新的"学习"或引进外来的文化时，常忽略一些"深层"的内在部分，使社会人心失去一种平衡，引起种种内在或外在心理的冲突。就像一些学者，只是一味提倡自由，只求打破旧有的社会礼数和规范，而没有进一步说明新秩序的重要，误使人们以为只要有限制就是不自由。任何秩序都是不自由的，于是许多人就以破坏秩序来标榜自由、民主。可是事实上，一个民主自由的社会乃是建立于一种新秩序上，民主自由的社会不是没有秩序，而是有一种新的秩序。所谓现代化社会乃是基于现代化的秩序，建立的现代化的社会。这种新秩序的建立不只要学习新知识，还要重建新的心理发展。而如何正确学习新知识与重建新的健康的心理，还得自我认识，这认识也包括对自己及民族历史的正确认识。

就如在学习功课上，你们也可能需要重建一种新秩序后才能掌握高中的功课，才能使你们更深入且事半功倍地学习，进而开发你们潜藏的智慧。

任何一个进步的社会，都有从自身建立起来的一套社会秩序，甚至是生活秩序。透过教育，由托儿所、幼儿园、小学、初中、高中，乃至大学，它们之间各有层次，但又有延续，不像我们现在各干各的，没有一套通盘和内在的联系。就如在美国，你只要进入他们的社会，自然得接受这种秩序的要求与训练。从托儿所、幼儿园、小学开始有其完整脉络，甚至包括居家生活，一旦违反当地社区的生活秩序，邻居就会站出来指正。

肯定自我才能重建自我

可惜当时提倡西化的学者，在对西方的认识不够，对自己的了解也不深入的情况下，以致产生有些似是而非的看法，误导社会许多观念，成为我们前进、迈向现代化的障碍。就比如这些学者从国外回来，提倡的现代化社会的教育，只注重语言，要大家学普通话以求国家语言统一，忽略了文字；而不晓得中国的语言和文字是两个系统，有重叠但并不完全相等。所以今天入小学并不去识字，以致对中国文字的基础造字和逻辑性缺乏基本的了解。这在用字上就会笼统、似是而非。如此读古文献、古典文学不易深入，这样读不出古典传统文献、学术、文学的况味，不容易取得智慧，不容易肯定自己。

　　一个人不容易自我肯定时，就不能建立自信！举例来说，假如我们的国学社社长看不起自己，觉得自己一无是处，而认为别人非常棒，非常羡慕别人，想要完全放弃自己，让自己变成别人。你们想，这做得到吗？这种心理就是我们全盘西化的心态与状况，我们之所以在全盘西化中一直动荡到今天，基本上是因为从来不去建立真正的自我，只是不断放弃自我，去做另外一个人。而钱宾四先生几乎是在这时代中，唯一一个站出来呼吁要看重自我、肯定自我，以重建自我的第一人。

　　虽然那时有所谓的"国粹学派"——只要中国，不需要西方，属于纯粹的保守主义者；此外还有"中体西用"，算是国粹派中的开放派。但钱宾四先生哪一派都不是，他要我们认清，从自我成长的历史中认识自己，一如我们应看看自己的成长历程，才能认识到自己为什么会变成这样，以致让自己对自身有这么大的不满。了解了自己问题的原因，知道我们无法放弃自己，变成另一个人，那么只有改善自己，调整自己，以求自我的建立，不然在一味的自我否定中，我们只有走上自毁一途。

　　钱宾四先生不断呼吁中国人看看镜子，认识自己，他力排众议，既不赞成国粹派，也不支持西化派，而是另辟蹊径。

二十世纪三十年代，日本侵华日甚一日，宾四先生站出来说："可以打！"何以可以打？他是根据历史、根据文化来谈中国的民族性，而不是只根据我们有多少战舰，多少陆军，多少飞机、坦克、大炮。

中国人的个性，在平日可以委曲求全，忍气吞声，可是到了某个忍无可忍的程度后，就要拼到底了；中国人有足够的韧劲去面对挫折和失败。中国人甚至可用时间来换取空间，或以空间争取时间。中国人的脾气来了，可以坚持硬撑下去。因此，在中国的作战方式上，必须把时间算入，必须把中国人的精神力算入，而不单靠武力。所以，他以此为基准提出看法，并埋头写了一本《国史大纲》，通过秘密管道送到已沦陷的上海商务印书馆去，并出版之。这本书出版后，轰动全国，许多知识分子站起来说："好！打下去。"

为培育人才贡献一生

在香港时，钱宾四先生看到满街流亡的学生，于是心想，自己必须让他们受教育。他想为中国培育人才尽力，于是拿出仅有的一点钱，在香港租了一间小学教室开班讲课。当时他上完课，就睡在教室的椅子上，他把所有的钱都拿出来当奖学金，而后在他的四处奔走下，办出了全亚洲最好的文史学院——新亚书院，使得当时的英国政府不得不收回这所学校，而他为了学生的前途将学校交出，后来成为香港中文大学。

新亚书院从一间小教室，办到世界知名的大学，他自己却仍住在贫民窟中，以致美国耶鲁大学想提供协助，去拜访他时都大吃一惊。

钱宾四先生七十多岁时，从新亚书院退休全面放下一切，真正做到老子所言的"功成身退",而后他选择台湾作为自己终老的地方。他说:"这是中国人的地方。回来后我将隐居、著述,并将余生贡献在教学上。"先生一生,孜孜矻矻教学不倦,著作不断,至今正式退休,共教了八十年的课。

他从足岁十六岁起教书,由小学到初中再到高中。在三十七岁时,发表《刘向歆父子年谱》,指出康有为、梁启超谈中国经学史、学术史的问题,而震惊中国学术界,使当时各大学停开"经学史"。之后又发表《先秦诸子系年》,更补足了中国先秦史上因秦火烧掉六国历史的空白,从而被邀请去北大等名校教书。世界各国凡建立汉学研究中心的国家,都以他的学术思想作为认识中国的凭借,尊之为中国当代学术界的泰斗。

今天全世界都共同尊崇他对中国甚至人类世界,在人文科学界的贡献时,某些议员却因一些政治上的理由侮辱他。他却站在一个历史学家明睿的思考下,说这是一个新时代的启动,读书人当知进退。

今天我想告诉你们的,就是什么是中国真正的读书人。他并非只是一介书生、一个现代知识分子,他是一个"士",一个特立独行的君子,知所进退的君子。

我常介绍你们看历史书,建立历史性的认知能力。因凡建立历史性的认知能力者,必具有综合性的认知能力,且有纵向的透视力、洞察力。但历史性知识能力的建立,在今天则是以读钱宾四先生的一些简单的演讲稿为开始最好,因为他有脉络、有承续,能说出构成历史一贯相承的关键与原因,这才是历史、史学,否则看了半天,也只是分断、割裂、破碎的资料而已。

建立历史性的认知能力

我想，同学们是否先看钱宾四先生的《中国历史精神》，然后再读《国史新论》，之后是《中国历史研究法》，这三本讲中国历史各有特点。

《中国历史精神》这本书着重在中国人对自身历史该有的信念上。就好比你作为你自己，有没有信心？当然，我们应该客观地认识自己，可是在客观地认识自己中，可不可以连信心都丧失？如果人的信心也代表主观的话，那我们是不是应该客观到连我们的信心都不要有？如果是，作为一个人，一个自己，连信心都没有时，那你根本就不是你。那将是什么呢？是个虚无吗？如果还不能成立，作为一个人，一个自己，当有信心。这本书首先讲的是信念，就是作为一个中国人应该有的信心。他所强调的是人的"心能"，人心的能量，作为一个人，所谓的自信心最重要，就是你要能肯定自我。人心的能量可以无限发展，所以千万不要随便放弃。

今天大家都站在现代的角度看历史，而什么样的角度是一个合理的角度呢？或说柏杨的《柏杨版资治通鉴》是一个角度，柏杨的《丑陋的中国人》是一个角度，柏杨的《中国人史纲》是一个角度，那么钱宾四先生的《中国历史精神》也同样是一个角度。今天如果有人看了柏杨的书，也就应该看看钱宾四的书，这样才能有比较完整的角度，不然，你只看到自己的丑陋，不知自己即使再丑也还是一个人，一个仍有希望的人。

《国史新论》则从另外的角度，为我们提供一个新视野来看这个世界，看中国的历史。有什么样的方法可以帮助我们进入中国历史的世界？钱宾四先生在《中国历史研究法》中，提出了研究中国历史的义法（研究法，就是义法）。

这些看完之后，可再看《中国文化史导论》，如此便能把你们带到一个地理哲学、地理文化学的角度，让你们看到人类的文化刚开始的时候基本是受地理环境决定的。《中国文化史导论》是本非常精彩的书。

你们在看这些书时会发觉，这几本书有些重复之处，不过这样你们会更熟悉他的笔法，同时也会熟悉他的义法，因为他并没有采用今天我们习惯的西方逻辑的推理法则，而近乎是辩证的法则，所以，有时我们看他的文字感觉好像会跳来跳去。什么是辩证的法则呢？或说它是立体的形式，因为基本上西方逻辑的发展，掌握的是片面性，根据这个片面性来推演，辩证则要求的是一个整体，就像一个人有一个整体，有正面，同样也有背面，西方传统逻辑只讲正面，从头一直讲下来。辩证法则告诉人们前面，还有后脑壳、前胸、后背，希望借以展现整体。中国古人关心的问题是"生命"，人是一个整体，生命是一个整体，这是中国人的思维和西方人的思维不同的地方。

一开始接触钱宾四先生的文章，可能不太容易读进去，或觉得文字跳跃，所以我建议先读这四本书，熟悉他的笔法，懂得他的义法，才能进入他的文章世界，进而了解他的主张。

透过文字提升灵性

如果同学们同时比较中西笔法上的不同，有一位先生的文章也可读，就是朱光潜。朱光潜的《给青年的十二封信》，谈的是人的情感。我们可以说钱先生谈的是公义，可是妙的是，钱先生从公义、客观的历史事件说起，却能进到人的情感深处。而朱光潜谈的是情感，最后的结论却可以进入理性的世界。

在这个年龄段，你们如此般去看书，就可在不知不觉间自然建立起脉络、法则，然后能加以分类，同时也经由这些文章的熏陶，懂得什么是好文章、好著作。继续读他们的书，就会发觉，他们没有说"我说的是真理"，而是让读者看到前面有大马路，知道可以往前走，且将畅通无阻。这跟一般作家说到最后"我就是第一"，截然不同。这是为什么？是"德性"，这是第一个特点。第二个特点是，你们读下去以后，再急躁的心，也会慢慢平静。这就是调整心态，从文字中开始调理我们的心，把我们带进心灵修养的境界。

有人问："你教我们的读书法会不会限制我们的思想？"我想，或许可以这么说："如果你们能够继续阅读，把读书当作生命中不可缺少的长远部分，你们绝不会受限制。"读这些书最重要的是要奠定我们健康的心态和人生观，培养分辨能力，不至误入歧途。不但如此，你们绝对可以训练出一种触觉、味觉、视觉，甚至听觉，知道这世上什么是最好的，包括选外国著作，一读马上就知道什么是最好的作品，而其重要性也在此，绝不会限制你们的思想。就因为不限定你们的思想，才作为你们这个年龄的入门书。从朱光潜的《给青年的十二封信》读起，然后再读他的《谈修养》《谈文学》《谈美》。读到这里，同学们如有能力便可尝试他的《诗论》及《文艺心理学》。

不过不要强不知以为知，凡是读到超越你们的理解处时，读完就放过，也是一种方法。将来在年龄及知识增长时，自然会明白。

献给青年朋友的好书

大体说来，世界上凡有文字的民族，都有传世的经典。人们从这些经典中获得许多智慧的启发，也获得一些共同的心灵默契。

中国最重要的经典——"四书"

"四书"分为《论语》《孟子》《大学》《中庸》。这四部书，是代表中国儒家思想的书，同时也代表中国人面对生命、人生的一种基本心念与信念。

中国旧有的著作，都有其著作的体例，在体例中也含藏着深邃的大义。

比如：《论语》以《学而》为第一篇，开头首先点明在人生中"为

编者按：本文中，辛老师评点经典特色，让青年学子能找到不畏难的阅读方法。

学"的重要性。从"学而时习之，不亦说乎？"开始，说明学习不只是外在知识的学习，也是人内在心灵的自觉。随着这心灵的自觉而来的，则是一份属于心灵自觉的喜悦。

"有朋自远方来，不亦乐乎？"是透过学习与自觉而有的自我建立，从这自我的建立中获得相知的朋友，这份人群相与之情，不是很令人快乐吗？

"人不知而不愠，不亦君子乎"，则是人生一重要境界，是在学习的过程中，对宇宙、历史与人生有了深切认识后，对生命所产生的肯定与自信。在此境界中，或有不为他人所肯定时，但也不会因之而失去自身内在的喜悦与快乐。

第二章讲"孝弟"，也讲"仁"。所谓"孝弟也者，其为仁之本与"。这里一方面说出"仁"字是"为学"的最高境界，另一方面也说明"孝"与"弟"是达到"仁"的起始点。换言之，人要达到仁者的境界，当由"孝"与"弟"这份情感的体认开始。

《论语》共二十篇，各篇有各篇的主旨；而每一章也都有章主旨，各主旨与主旨间也有内在的联系。一如《学而》篇所重在"学"；《为政》篇所重则在人群政治的活动上，因人的学习离不开人群生活的社会。于是第三篇紧接着谈《八佾》。《八佾》所言在"礼"，换言之，人群政治，最重要的在典章制度与社会秩序，因而《为政》之后紧接着讲"礼"。然而，礼只是形式，赋予形式的当是人内心的自觉，故接着是《里仁》篇，言"仁"。如此到第二十篇《尧曰》，所重仍在儒家，同时也是中国人的人生最高理想——"天下为公"的精神与情怀。

《孟子》一书也有自己的体例。由"仁义"的提出，到"仁政"之始，一路下去直论"人性本善"。在篇与篇之间、章与章之间都有此内在联系。如此而《大学》《中庸》，朱子合为"四书"，以呈现中国人的理想与那份面对生命的情怀。近人蒋伯潜先生的《四书读本》、钱宾四先生的《论语新解》，都是很好的入手书。

俯瞰人生的《庄子》《老子》

至于《庄子》也是中国人非读不可的书。前面所说的"四书"，或可称为儒家；《庄子》则代表道家。其实"儒""道"原是中国人一体之二面，一如手心、手背，合起来才是完整的手一样。"儒""道"的截然划分，是后人的偏差。

儒家是中国人对生命、人生的正面肯定。道家则是从这正面肯定中超然而出，站在自然、宇宙的立场俯瞰人生，以求人的精神、意识的更大扩展与发挥。

《庄子》的文字、文章汪洋恣肆、诙诡奇突，今天读来倒有些难懂。如果能找到张默生先生的《庄子新释》，则会有很大的助益。可惜他只有内七篇的讲述，不过，读《庄子》若能掌握到内七篇的大义，外篇与杂篇也就好解了。

谈道家，当然还有一位重要人物，即老子。老子是一位隐士，自古以来人们对老子本人不甚了解。而《老子》这本书则是成书于战国中期，其最大的价值，是提出了"无"的观点，使中国人的眼光，从现象界、存在界，进而进入非现象与非存在界。而后老子会合现象与非现象、存在与非存在，认为这才是宇宙的真相，才是所谓的"道"。

《老子》的文字古奥，其内涵与象征意义很大，今天读来也仍会有些困难。同样地，若能找到张默生先生的《老子章句新解》，或也可有些帮助。

维护人道精神的《史记》

《史记》也是我们作为一个现代中国人当读的书。不仅因其为中国二十五史之祖，更重要的是，这部书文字优美、思想庞大，太史公司马迁根据历史事实，陈述出中国人的最高理念——那份对生命的热忱与至死不屈的人道精神。

要读《史记》，在今天也有两本可参考的入手书，一是李长之先生所写的《司马迁之人格与风格》；二是《史记菁华录》。

前者是介绍《史记》这本书的特质与各篇章之宗旨，后者是清代姚祖恩先生从文学的观点，挑出《史记》中具有代表性的文章，加以批注，帮助我们认识《史记》的精彩之处，以帮助我们了解《史记》，掌握《史记》的精神。

概括宋代理学的《近思录》

而后或可再读朱子的《近思录》。这本书将宋代理学做了一个简要的概括。

两宋理学，从文化的立场讲，是中国文化经魏晋南北朝时的激荡与反省，再经隋唐佛教思想的创新与发展后的一种重新整合。

当时宋代的理学家，从宇宙的认知与掌握，到生命的开发与肯定，最后落于实际的人生，也就是个人的确定和社会伦理的订定，也建立了中国前所未有的哲学、思想体系。重新将中国人的心灵带入一个新的方向，去关心一些新的问题。

朱子的《近思录》，首篇即言"道体"，即谈宇宙的问题；其次讲"为学"之大要；而后讲格物穷理，再谈性情的"存养"，然后是迁善、克己复礼——个人的修持与锻炼，最后讲到圣贤气象，说明人在情感活动中的最高表现，也就是理性的最大呈现。

人常受制于本能、情绪或外界事物，因而常觉得不自由。其实若能懂得调整、平衡，这些痛苦与不安，都将随风消逝。圣贤气象者，即在人生中重获自由的人。

开拓生命力的《大学问》

王阳明的《大学问》，也是值得一读的好书。阳明先生是明朝人，他的"致良知"，是想开拓人生内在真正的精神或生命力，而后建立起人的自尊。如果我们今天从西方浪漫主义的观点来看，阳明先生具有高度的浪漫主义情怀。在今天社会如此功利主义和实用主义的前提下，读他的书倒也有一番振聋发聩的效用。

以上所说的书多偏重思想层面，我们若扩大经典的意义，这些也都可说是中国的经典之作。青年朋友若肯从头读起，必会有所收获。

诗歌文学

以下要谈的是文学作品。

中国文学作品从《诗经》开始,《诗经》重点在点出人的性情。而后是《楚辞》,《楚辞》就屈原个人的遭遇,呈现出战国时期中国南方文学的风貌。

《汉乐府》以至《古诗十九首》,逐渐展现中国新的文学形式,同时也表达出中国人新的人生观或人生的情味。

魏晋南北朝的山水诗和小品散文,都具有很高的可读性。其中最令人玩味不已的是陶渊明的集子《靖节先生集》,可以一读。

至于唐诗,有《李白集校注》《杜诗镜铨》(杜甫)、《王右丞集笺注》(王维)、《玉溪生诗集笺注》(李商隐)。这些都是可以一读的好诗,而挑出这些,主要是因为它们是中国人在情感上的四种典型。当然,青年朋友若觉得太深奥,则《唐诗三百首》,或金圣叹批注的杜甫诗《圣叹选批杜诗》及《圣叹选批唐才子诗》,都可作为读诗的入门书。

宋朝除了各家的集子外,由朱孝臧(别号疆村)编选、唐圭璋先生笺注的《宋词三百首笺注》,也是可读的入手书。

而文章方面则可先读清代林云铭先生评注的《古文析义》,了解古文的基本章法后,再去读唐宋八大家的集子,会方便得多。

名家批注的小说

再来谈及小说类。

在小说中，我个人主张读一些有前人批注的小说，更易入门。

比如金圣叹批的《水浒传》，值得一读。《三国演义》则以毛宗冈评的《毛批三国演义》最好。而《东周列国志》则有蔡元放的评点本。《红楼梦》若能看脂砚斋的评本，则更能深入其中的精髓。读了这些评本，再读其他小说，则容易掌握书中重要的寓意。

今天读中国前人的著作，当然会有许多的观点、新的读法，我并非要求一味地守旧，只是我们若要认识一个人，是要先就他自身的一些特质开始，还是只就我们单方面的认定开始？

一般人物个性的特点，或而趋新，或而守旧，或而彷徨，以致偏执一方，失其中道。因而，此时读一些我们民族历史中的经典作品，实际也是对民族以及我们自身个性的认识。

掌握中国文化的特质

近代史学大师兼思想家钱宾四先生，有一系列的著作，也可帮助我们认识原有的中国文化、历史、民族的特质。

青年朋友们若从钱先生的演讲本（包括前文提到的《中国历史精神》《国史新论》《中国历史研究法》《中国历代政治得失》《中国文化史导论》）《中国文化精神》《中国文学论丛》《民族与文化》《孔子与论语》《中国学术通义》《现代中国学术论衡》等依次读起，对中国历史将有一整体、连贯性的认识。

当代中国人对中国的历史常是割裂来看，且强调其间的差异性、变动性、对立性、冲突性，以致当我们读完一些现代历史作品，常不

知中国人何以能活数千年，以致成为人类史上的奇迹。

钱先生则根据当代人所强调的这些差异性、变动性、对立性、冲突性，进一层看其间的一致性、整体性、连贯性、和合性。一如《老子》以至《易经》所说，**我们也当从宇宙无限的变化中，去掌握那永恒、无限的不变性，如此我们才能见到宇宙的真理。**

当埃及、希腊、罗马等古老民族衰微不起时，当近代西方列强英国、法国、德国等帝国从兴盛走向没落时，中国仍能继续前进。而这份属于中国的一致性、整体性、连贯性、和合性，才是中国之所以为中国，能屹立于世界，仍将再起的原因。

青年朋友在娱乐、休憩之余，或许想看点有益于自身心灵的书籍。除了现代科学、西方文学新思想、新著作外，中国古老的经典也是值得欣赏、阅读的。更何况作为中国人，最重要的就在于有一份中国人的心灵。这些古典书籍，都将是我们认识中国、拥有丰富生命情怀的凭借，我特此推荐，以飨青年朋友。

青年与文化

明天是五四运动第六十九年的纪念日。这是被称为青年节的一日。这一日，中国知识青年在列强压迫，以及当时北洋政府丧权辱国下震醒，并发出怒吼，使中国代表团拒绝在巴黎和会上签字，保护了山东权益，争取到中国从十九世纪四十年代鸦片战争至二十世纪四十年代抗日战争胜利，一百多年间所未有的"国权"与"国格"。

从抗日战争胜利到今天又过了四十多年，在这四十余年间，世界发生了极大的变化。当年发动鸦片战争，逼清廷五口通商、割让中国香港的日不落国——英国，今天已决定将中国香港还给中国。①当年同时称霸世界的法国，今天也失去了昔日的光彩。十九世纪后期称雄欧洲的德国也在第二次世界大战中失败，今天仍然分裂成两

编者按：本文由一九八八年五四前夕之授课讲稿整理而成。辛老师回顾六十九年前新文化运动的知识分子，并期勉现今的青年怀抱理想。

① 香港已于一九九七年回归祖国。

个国家。^① 整个欧洲已不再是世界的舞台，而是退居到舞台的边缘。而后，代之而起的是美国与苏俄，转瞬间，前者也从世界政治、军事、金融的超级强国，逐渐没落；后者也从一代枭雄中，逐渐改换面貌，在国内政治制度上更走向修正，在军事与外交上也采取较温和的路线，以求改变世人对他们的印象。^② 欧洲的这种变化，实际可说是帝国主义的崩溃、资本主义的没落。而此二者本是欧洲之所以为欧洲、白种人之所以在近百年来凌驾其他各民族之上的凭借。

今天有些文明地区，都认定日本将成为世界舞台的中心。而日本也以此自许，且有相当的自信。回看当年第二次世界大战结束，美国在日本掷下人类世界第一、二颗原子弹，广岛、长崎几乎沦为废墟。然而四十多年来，日本从此废墟中站起，并且攀登上今日世界文明的顶峰。这一切的变化，这短短的四十多年间的发展，稍微用心的人目睹此景，都将瞠目结舌地为这激骤的转换叹息。同时也惊觉人类社会所梦寐追求的财富、权势，是有其时间的限制啊！

以这次在新加坡举办的台湾大学、上海复旦大学、香港中文大学、新加坡南洋大学的辩论赛来说，其中决赛题目："儒家能否抵御西方歪风？"虽然只是一个辩论题目，但也相当地反映出近来在知识分子心中的要求与疑惑。有这种想法产生，是实用主义、实利主义的结果。

这题目我们其实也可替换成："苏格拉底或柏拉图或亚里士多德的学说，是否可以抵御西方近代共产主义？"若就社会现象论，其答案是否定的。但在学术上、人类文化上，是否因无法抵御就失去其学术价值、

---

① 一九九〇年，东西德统一。

② 苏联已于一九九一年解体。

文化价值？其答案当然也是否定的。

近代社会，一般人在通俗的科学万能主义、通俗的达尔文主义，以及通俗的商业实利主义的影响下，对一切人类属于精神文明的高级作品也都以是否有工具效能、达到实用成果、求得实际利益，或者市场是否有需要作为考量的标准，以致社会教育虽然普及，但人们的心灵却日趋粗浮，生活也日趋单调、机械。

于是人们越来越靠感官性的声光等刺激，来寻得一些生活的调剂与变化，生命也越来越没有目的。人性的价值、自身的尊严则更是人们不及思考的部分，可是又无法除去这种需要。因为这本是人类生存活动的天性，同时也是人类凭以为生，屹然存立于世的凭借。

因此，这种心理本能的需要，会转化为各种其他的形式。比如在初中无法胜任课业的学生，逐渐走向拉帮结派、叛逆等歧路，从这里建立自尊心以求自我肯定；黑社会的人们则好勇斗狠，进而暴力恣睢以建立他们的尊严与社会地位；而一般的社会人士，则追求财富、名位、权力，甚至不惜以非法手段达到目的。至于会读书的学生，虽比较单纯，但读到某一个程度，也常问："为什么要读书？读书的目的是什么？我何以要如此地去追求分数？"是以整个社会很少有人能快乐地享受属于自己的生活，而是充满愤懑、怨怒与不平，而大家又不知道根本问题出在哪里？

问题在于：人们已将自己当作工具，借着自己的努力、奋斗去取得财富，求得名位与权势。生命不再以自己为目的。生命的目的，只是利用自己的身体去追求外在的事物。于是，外在事物的取得与否，便决定了自己与生命的价值标准。但当今世上有几个是真正的成功者，能全然求得自己所希望的呢？因而活得有意思、没意思，有价值、没价值，就成为今天人们的问题。

从政治自觉到文化反省

随着五四运动兴起，中国青年从政治的自觉，进而到文化的反省，发起新文化运动。领导者陈独秀、胡适之，举拔出四川一位老秀才吴虞，说他是只手打倒孔家店的老英雄，并提出"打倒吃人的礼教"等口号，以求改善当时从清朝闭关自守、锁国政策以来，到北洋军阀当政时期，颓靡、腐败的社会风气。

只可惜领导者都是一些有热情、有理想，但在学术上、思想上仍有所不足的新青年。

他们或接受来自日本学习西方过程中的某些思想，比如黑格尔、叔本华、尼采。这三人固然是西方近代思想界划时代的大师，但他们的思想，是针对长时期以来，西方基督教文明给予西方社会束缚的批判，有极大的破坏性。比如：

黑格尔想摆脱单纯的上帝信仰，建立理性思考。他根据物理科学实验过程，说明世界是一个有秩序的运动体系。只是这秩序是透过正、反、合的运动规则进行。这就好像说世界有正面的事物，也有反面的事物。于是在这正面与反面的对立中，发展出新的事物。而这新事物又代表一个新的正面，于是又与新的反面对立，如此再产生新的正面……他认为，世界从物质演进到有机界，再从有机界发展到生物界，再从生物界发展到人类，也就是依此正、反、合演进的方式达成的。是以战争是人类发展史上的必然过程，是人类从野蛮到进步必经的途径，而"人类历史只是一部相斫书"。在这个演进的过程中，东方诸国君主政治，是属于亚细亚静而不动的政治；是压抑个人，几乎达于不知有个人的政治，当然这也是最落后的政治。而理想的政治则是如西欧基督教的近代政治，这才是人类文明的高峰。

而叔本华根据黑格尔的哲学，进一步说，世界的发展与存在，全部来自一种"存在的意志"，不论无生物，或有生物，只要存在于这个世界，都是这种"盲目的求存意志"推动涌现出来的结果，而世界一切斗争、忧患、罪恶也由此而起，所谓弱肉强食、利己害人、自私不德，也都是自然的结果。因之，历史是一连串的杀戮、劫盗、阴谋、谎言的记录。人类一切的善德、勤俭、坚忍、忠贞、节欲，不过是洗练后的自私。而知识的进步与发展，不过是人类在新需要的前提下，新的自私方式而已。所以，人生是充满苦痛的，即使奋斗求生也无法挽救这种悲剧。

尼采则再从叔本华的思想更向前跨一步。他根据达尔文的进化论指出——生命是直线的上升，是强者克服弱者的胜利，而进化过程则由意志决定。所以人只有一种义务，即力图伸张其一切权力达到可能的极限，让自己成为"超人"，而生命的本质就是求权力发展的奋斗。知识有没有价值，就在于能否发展生命，所以真实世界是充满变化、杂多、反对、矛盾、战斗的。在这样的世界里，"慈悲乃是罪恶，同情则是残酷"，因为生命是一种实验，是一种优胜劣败的程序。人类天生就不平等。所以传统社会中所谓的和平、幸福、慈悲、节欲、柔顺、静寂、无抵抗、平等，以及一切宗教、哲学、文化都应当全部摒弃，因为它们全是违反真正的生命本质与法则，无助于真正人性的发展。因此倡议推翻一切历史传统，丢弃背上沉重的历史包袱，努力参与斗争，经历战争的苦痛，战胜弱者，成为真正的超人英雄。是以"战争的价值胜于和平，和平则是死亡的征兆"。

回看我们近百年的思想史，从康有为、章太炎、王国维，再到鲁迅、李大钊、钱玄同、顾颉刚，有哪几位的学说与思想不受这些思想的影响，或则竟是这些思想的实践？尤其是尼采"否定一切历史传统""战斗"的思想，更是通过鲁迅的笔，弥漫整个社会。

陈独秀认为，文化的革命仍不足以改造中国，因而接受俄国革命的指导，成立共产党，想效法苏维埃的共产革命模式来建立新中国。

共产主义的思想论是十九世纪中叶由马克思所提出，而后列宁再加以强化。他们的重点在于"物质是决定一切存在事物的根本因素。是与人类精神、意识对立的"。整个世界的历史是物质的展露，心灵则只是一种物质的器物，是人类大脑的产物。自然、宇宙以及人类生命的演化是没有目的的，只是一种纯粹因果性的关系。世界既无目的，也没有意义。盲目地前进乃是世界中唯一的永恒法则。在这个法则以外，世界再也没有别的东西，当然更没有上帝。人类的文化活动只是社会经济生产关系的结果，所以不是人的精神决定生活，而是人的经济生活决定精神。因此每一时期中，人与人之间一定会因经济利益而产生冲突，而这就是阶级斗争。一切历史就是阶级斗争的历史。近代就是无产阶级与资产阶级的斗争时期，这就是社会革命。

六十九年前 [①]，热血的青年知识分子，面对内在昏庸无知的北洋政府、外在虎视眈眈的列强，还有从清朝以来长期以政治垄断学术，将教化变为教条的僵化社会，发出振聋发聩的吼声，争取到长期以来已

---

① 一九一九年。

丧失的"国权"与"国格"。只是再进一步,想带动社会文化、促进全民觉醒的行动中,因欠缺完整成熟的学术、思想及知识,无法深入西方近代思想深厚的内在世界,只能肤浅地掇拾一些仅切合于我们当时社会的部分说法,然后激情地摒弃中国自身原有的一切,误认清末这一时期的社会现象为长时期的中国历史状况,甚至误以为这就是中国的传统与民族性,于是全面诬蔑自己。从当年鲁迅的《阿Q正传》,甚至到《丑陋的中国人》,都秉承这一思想线索而进展着。

欣见学生怀抱高远理想

一九七四年,我来建中拜望黄校长建斌先生,并陈述我见到建中学生的感想及想来教学的意愿,没想到黄校长竟然答应,这份知遇之恩真是没齿难忘。

进来建中后,在课堂上,见到同学们对中国文化问题的关心;我担任国学社的指导老师,学生们更是要求有系统地阅读中国古典学术作品,甚至有的同学也有系统地阅读西洋哲学的作品。当时许多人都想为未来会通中西文化的可能打下扎实的基础。后来他们高中毕业进入各大学,也在课余时间建立了一些有关学术性、思想性的社团,在这十多年里带动各学校阅读中国学术思想著作的风气,甚至到美国留学在研究尖端科学之余,仍阅读、研究有关中国思想文化的问题。他们越来越有感于近代中国在学术思想上过于否定自己,使中国人失去明辨事理的能力。

当时在学校下课时,我常看到一些老师被学生围着问各种问题,有的当然是功课上的,有的则是学术、思想、文化上的,甚至有的更冥思苦索许多形上学的问题，并配之以物理上的各种理论。有一年美国一个学者，根据考古资料，提出西方的上帝大概是外星人。学校同学似乎为之风靡，下课到处都有人在讨论。大概是一九七八年底中美断交，同学们也从各方面表示关心。我走在校园里常被拦下问各种各样的问题。在建中的这些年，该是我教学最快乐的时光，因见到如此多聪明、有才气、有智慧、心地纯正、怀抱着高远理想的青年，从他们身上我似乎见到国家民族未来的希望。

现今我们社会各方面都在变，从政治、经济到许多价值观上。整个社会似乎更趋向功利及眼前的个人享乐。而黑格尔在他的历史哲学中虽说：“人类历史只是一部相斫书。”但他也说：“一切历史的治乱兴衰，皆由其人民的思想观念为之主持演变，高度的理性是历史的原动力，是实现理想国家的一种行动逻辑，而未来的世界，是具有高度文化者才能取得胜利的。”

六十九年前新文化运动的知识青年，虽有热情，唯因对中外学术、学养的不足，对中国虽有正面的贡献，却也为中国带来一连串的问题。六十九年后的今天，知识青年关心的事物，很可能将决定未来整个中国的动向与民族文化的发展。

辑二 经典教你看人生

漫谈中国学术特质

人可以凭借自身行为换取成就，并且借着成就树立起自我的肯定和尊严，是自然的事，但人也会受制于内在自身理智和情感之间的矛盾、冲突，而无法开展出人原本所具有的无限可能性。换言之，如果我们无法妥善处理"理智""情感"这两样支配人的原动力，我们只会一步一步地把自己推向尊严与自信荡然无存的深渊；同时，人一切的努力，也被情理之间的矛盾所否定吞灭，接踵而来的是无止境的空虚、追悔，还有对自我的绝望。一旦我们不想再陷入这般悲惨的情境，和做一大堆无谓的努力，**借理性、感性的融合而启发自身所拥有的潜力**，绝对是重要的。希望下列的对话能给你们一些启示。

请问，为什么孔子是中国学术的创始人？

孔子以"仁"作为人的普通基本定义，然后才能以"人"作为研究

编者按：本文中，辛老师为青年人提点方法，说明中国学术特质，其重点在开发心智与行为能力，并需懂得在生活中运用。

的对象。一如物理学以物质、力、运动、空间为其基点，从此发展出物理学；化学以物质、化学元素为基点，而发展出化学；近代心理学也是在弗洛伊德提出"欲望"为人的共同基点，随之现代心理学得以建立。孔子以"仁"作为人的共同基点，而后发展出以"人"为中心的中国学术。

孔子的"仁"是道德的基础，中国学术是否就是谈道德？

孔子的"仁"学不只是道德的提倡，而是孔子根据历史的发展、生命的经验、社会的变迁等因素，促成了其对"人"这一问题的意识和觉醒，于是从孔子开始探讨什么是"人"的问题。从孔子、墨子、杨朱、孟子、庄子、老子、荀子，如此而下，都围绕着这个主题，各就自己的观点发挥，逐步进展，其中包括了人的认知、知识的建立等问题，因此不只是"道德"的问题。

他们是否都是在谈"做人"？

这个"做人"的意义不是一般通俗的解释，或是只把它与"道德"的问题混为一谈，这还包括人的认知问题、知识的建立，以及人如何拓展自我认知的能力等。

认知这点怎么说？

如果就"自我认知"的部分，则包括自我的认知力、客观事物的认知力、综合性的认知力。一个人愈能将此认知能力发挥，就愈能发挥人的特质。因为世界上的动物只有人才有丰富的认知力。中国人认为，当人掌握到真正的认识时，实践力也自然产生。这就像王阳明所说的"即知即行"。当人真有所知，马上就会有所行动，也就是说，中国人不仅是重"知"，也重"行"。

西方人认为，"行"在"意志"，"知"只是知识，也就是说"知""行"是分开的、独立的两件事。中国人认为，"知"其实包含两个部分：一是知识部分，也就是理智的部分；二是感情的部分。一般人常有一种经验，理智说这不可以做，但感情无法接受。如明天要考试，即使今天是假日，也不能出去玩，但感情控制不住地想出去玩，内心真是矛盾极了。或经过理智的思考决定不出去了，却坐不下来，心中烦躁不安；或是听从感情，索性出去玩吧！回来以后，那股劲儿过去了，于是开始痛苦了。常人经常矛盾在这两者之间。王阳明认为，如此就不是真有认知；真正的认知，乃是我们既有理智的思考，同时还能有感情的认同。理智的思考是在于我们确实看到问题——是考试的问题，还是想玩的问题。如果说，看到自己真想玩，同时若不去玩，就根本念不下书；如此，不去玩其实也不会读书。真看清楚了这点，然后再看：如果索性去玩，考坏了自己能承受吗？自己能承受考不好的后果吗？自己能弥补考不好的后果吗？这样逐步去想，逐步深入自己的内心，了解自己真正的需要，情感与理智就能逐步接近，人的行为能力也就自然产生。人如果常能如此深入了解自己的需要，也清楚了解客观现实的条件与状况，自然能找出最好的办法解决问题。就如人真正知道自己想要些娱乐活动，又确实知道功课该有的进度，然后妥善安排、分配时间，理智与感情面临的问题也就迎刃而解，于是人的"行为能力"自然出来，矛盾自然消除。

因此，中国人理智、情感、行为能力三者是合一的，它们之间没有对立，也没有冲突，而**当理智、情感合一时，行为能力——实践力也就自然产生。**

理智与情感"合一"的好处是什么呢？

可以说，世界上凡是谈生命的智慧都是从这里出发的。因为人的一生中去做的事，去做的抉择，如果都是"知行合一"的选择，就会是出于自己生命的正确抉择，这就是"智慧"的抉择，人能有此智慧的发展，就有健康人格的发展，而将此人格发展到完整的地步，就是所谓的圣贤。中国所谓的圣人，只是"通人"而已。通于什么？就是通于心、通贯知。当自身没有矛盾、没有冲突、没有对立时，进而帮助大家解决心中的各种矛盾、冲突、对立，如此，真正的自我也随之开展，人生命的主动力量也就更为强大，人的生命也就更为充实。

中国人的学问重心在人吗？

可以这么说，中国人学问的主体在人、在生命，所以有人称中国人的学问是"人学"，也就是以"人"为中心的学问，而"做人"也就是"做成一个人"，即把人特有的特质，如何全面开发出来，而不只是成为一个有规矩的人而已。

为什么今天大家一说"做人"即指"道德规范"？

这是从元明清以来的发展，特别是满族入主中原，要求政权稳定的前提下产生出来的，其目的在钳制人们的思想与行为，以至于到今天一谈到中国学问，似乎只有道德教条和规范了。甚至于对"道德"一词也不反省。

如果我们问什么是道德？我想，说得清楚的人不多。其实"道"和"德"，是不相同的两个字。"道""德"合为一词有深奥的含义。"道德"两字连用而合为一词，基本是出于道家，特别是老子。"道"指的是大道、天道，用今天的话可说是全宇宙、全人类或说是大自然；而"德"则指的是个人的一种行为，也就是说，中国的"道"和"德"原本是两个完全相反的词。

"道"在道家是指大自然；在儒家讲，孔子原是指人人可以共同行走的大道，比如在一个人群社会里面，你要吃饭，我要吃饭，他也要吃饭，这就是人人共同行走的人生大道。虽然有些人可能爱吃面食，有些人可能爱吃米饭，不过大家都要吃饭以维持生命。这就是一种大道、共同的大道层面。所以古人说："道者，万物之所由也。"由就是路，什么是路呢？就是人人所共由、共行的，像一条大马路一样。而后到道家扩大到整个大自然，其一指自然运行的轨道，甚至还进一步发展，把自然和人生合一。所以，"道"好像就是一个单元、一个整全单位、一个大宇宙、大人生，是一个整体，广大的范围。

至于"德"呢？古人解释这个德，"德者，得也"，指的是心得。而这个"心得"的前提，就"个人"而言，个人面对什么都会有个心得，比如读书会有心得，工作会有心得。凡心得必有前提、对象。而"德"的对象乃指"道"，即面对整个大宇宙、大自然，或者说面对整个人群、整个社会、整个人生、整个生命，然后有所体得。一如今天你们考学，经过了一连串的用功、考试，度过许多低潮期，凭着毅力，终于考上了理想的学校。然后想该如何做个好学生？想想全中国十四亿人口中，有几个能考上理想的学校。如此，有了对生命的领悟，此即为"心得"，而谓之"德"了。甚至我们再说考上学之后，又有多少人学国学？这样突然有点领悟——即得道于心，然后我们将这个心得，又自然地表现出来。古人解"德"，说"得道于心，而现之于行"。也就是说，"德"与"得"的不同，一在指心得，二在有了心得而后自然呈现在自己的行为上，此包含"即知即行"的意思。

同时，"道"是"公"的，"德"是指私人的心得与随心得而来的私人行为。老子的《道德经》一书，合此二字成为一词，其中有深奥的含义，而非今天泛指"道德行为"或"规范"而已。这里不只有"行"，还有"知"，人特有的"认知力"，认知于这个大自然、大宇宙、大人生的认知力，**此"认知力"即在"心"**。因有这个"心"，我们可以认识世界，且做适当的判断与抉择。

认知力是否可属于人的理性范围？

认知力可属于人理性的范围，但心还有感性的部分，而"道德"是包含两个完全相反的部分。"道"是宽广的、整体的、广大的、公共的，而"德"呢？其实是个人的、私人的。那么，两者结合起来，就变成一个崭新的名词，中国古书难读就在这里。今天我们含糊笼统地说"道德"，只以为"道德"就是"德"，使得我们不了解所谓的"道德"是什么，以至于今日我们用"道德"所解释中国的学问就都有了问题。你们以为中国学术、经书中好谈做人，就以为做人只是要遵守规范，这只是西方人所说的"道德"问题。

每个人对"德"的体会不同，会不会造成冲突？梁启超说公德心，难道他用错了吗？

对"德"的体会不同，是会有冲突，所以从前中国人还讲"公道"。"公德"确实是梁启超说的，他的确用得不对。今天我们说的"公德"的部分，都在"公道"或"公义"的范围里。语词的复杂性就在此，今天我们对"道德"这个词的解释，其实是根据英文"moral"翻译而来，而不是中国"道德"的本义。

又比如"文化"一词，中国的"文化"与西方的"culture"就有很大的不同；又如中国的"文明"与西方的"civilization"亦有差距。在中国，"文化"的"文"就是人类所创造出来的花样，凡提"文"字，在中国多是极好的字眼，一如"圣"字，所以，"文化"乃是人类创造的精彩花样。它使得我们能将人类的野蛮化除，所以叫"人文化成"。化成什么？"化成天下之美俗"，这是中国文化的基本意义。而文明呢？

文明就是人文化成的结果，这两个词都出于《易经》。

如果每个中国知识分子都读一点基本经书，就会发觉现代一些非常通行的词语，都是出于古书，但古书有古书的意思，当然英文也有它特定的意思。青年们如能先查英汉字典，再查英英词典，精确地掌握英文的意思，也可使自己的思想走向精确和清晰，而后再能读些古书，使自己也有能力驾驭中文的文字。这样累积起来，有一天可能就会有"人文化成"之效。

不然像今天，社会一片混乱。许多人认为那是因为社会价值紊乱，观念不清，思想欠精确所致。如果追究更根本的原因，基本上是我们对许多事物的基本认知，也就是对代表这事物的语言文字欠缺精确的掌握与了解所致。

读《论语》学做人

中国学术文化的大前提——从"人"开始

当今世界，仍然具有活力的学术系统、文化系统、哲学系统，共有三大系统，若简单地加以归类：一是古希腊以至于今天的西方，以"物"作为系统，研究一个外在的、物质的世界，希望从这个世界中探讨宇宙、生命的本质。二是印度，或者包含希伯来的古文化系统，在这里人们要去留意创造神、宇宙，使人走向创造的最根本之关键。三是中国，只有中国，是从"人"开始。

比如弗洛伊德，他虽然对"人"下了定义，可是我们仍然可以看到，他认为人本身具有两大分裂性特质：一个是本能的自存冲动；另一个是

编者按：辛老师以习《论语》谈做人与处世之道，提出要点：《论语》的教育之所以成为人类的圣典，是因为它最直接摆脱了所有宗教上神秘的部分，而直接肯定"人"，然后告诉我们，如何成就这份生命中的美好。一部《论语》就是学习"如何觉醒"，然后真正完成爱的寻求的一部书！

毁灭性的死亡冲动。这影响到整个西方人的观念，他们认为——人本身就是冲突的，甚至于长时间以来，西方人认为"人"不可能被下定义，"人"是不可作为知识对象的一个对象。即使今天将"人"作为知识对象，也尽可能地客观化或者量化，以作为研究方式。而实际上，"人"能不能被量化。这是一个非常重大的问题。

全世界最早把"人"当作"知识体"来研究的是中国人。在中国文化的发展过程中，很重要的是，中国人发现了宇宙系统本身的完整性；即中国人思考的是，这个世界如果离开了人，离开了人的认识，还会有完整的世界吗？世界没有人的认识、理解，还具有意义吗？如此之下，还有所谓世界的存在吗？

今天在科学的影响下，我们觉得一定有一个绝对客观的世界。的确！从人的认知中：太阳先于人而存在，月亮先于人而存在，当这一切都先于人而存在，那么，怎么可能没有绝对客观的存在？但是，当我们离开了对"人"的这个认知，这些"存在"和"不存在"的分别是什么？在这个前提下，到底什么是"人"？亚里士多德说："人是理性的动物"；而中国的孔子是全世界第一个说："仁也者，人也。"换言之，"人是充满情感的……"即使这里加上"动物"两字亦可。

什么是"人"？

《论语》说："樊迟问仁，子曰：'爱人。'"

这里面包含了几个大问题：第一，人一定需要爱，人一定渴望爱！

"人"已经从万物中发展出来了。这是以"人"为前提的思考及探索下说:"仁者爱人。"人是能爱的,而且会情不自禁地去爱。第二,我们一定会发觉,人跟物不同,我们对物的爱是单方面的,可是"人"有感觉、有自己的需要,也因此,人在被爱和渴望爱的过程中,有其特殊性、个人性。

我们能不能爱人,以及我们能不能接受爱,不是因果的绝对关系,也不是逻辑的关系。我们常发现,"爱"不是"种瓜得瓜,种豆得豆"!或许有时候,种豆得了瓜;或者,种了瓜却没有结果;更可能是天上忽然掉下来一个礼物,突然一见钟情,其间变数非常大。这使人们在追求爱的过程中,逐渐醒觉,人们会问:"什么是爱?"然后会问:"为什么得不到爱?如何能得到爱?"在这样的前提下,含藏着的是觉醒的问题。

人有自我意识

近代西方心理学说:"人不同于动物!"弗洛伊德以至于很多西方大哲学家,或现代的科学家,对"人"下定义的时候,都是从把"人"当作是生物或动物的前提去谈。可是,人不只是动物,甚至于弗洛伊德也说:"人的痛苦就在于,人既是在一个本能的、动物性的冲动的推动下,却又有另一个超越自我、追求理想的强大的冲动。人在这两个强大的冲突中挣扎着。"这种复杂性,也促成人的觉醒。

人本主义心理学认为,人不同于动物,重点在于人自我意识的开始。什么是"意识"?"意识"是一种醒觉、一种苏醒的状态;在定义上,"意识"是一种高级的心理活动,不同于一般的动物,这个说法就跟儒家思想"仁也者,人也""仁者爱人"的前提相近似。

换句话说，在"爱"的过程中，人逐渐醒觉，进而发觉爱不是单一的，爱一定是双向的沟通，哪怕是自己本身，都是一种身心的调和，更何况人不可能绝对孤独地存在，人要跟社会有关联、人要有家庭的牵系。

"五伦"展现人的完整生命状态

儒家将人伦关系分为五种，即我们通常所说的"五伦"：父子、君臣、夫妇、兄弟、朋友。

记得钱先生告诉过我们："中国人没有西方的个人主义，因为中国人认为，人不可能是一个个人的状态，虽然人可以保持个人的主体性，可是人绝对不可能是个人主义前提下的个人。"因为在这个世界上，真正的我，不是一个绝对的个体的我。比如说，我在这里向大家报告心得，这一个"我"，对父母而言是一个"我"，对子女又是一个"我"，对朋友也是一个"我"；想要了解一个人，我们必须综合这些才能看到一个人大致的整体状态。《论语》中的"五伦"，就是展现一个完整生命体的状态。从这个角度中，人们逐渐醒觉、逐渐发现，人们的自我意识也逐渐开展，然后寻求人与人之间的和谐。

"仁"为什么会成为孔子哲学的核心？

《论语》之所以成为中国人的圣典，是因为它直接摆脱了神、摆脱了所有宗教上神秘的部分，而直接肯定"人"，然后告诉我们，如何获得这份生命中的美好。

"仁"与"和合性"

孔子的哲学中很重视"和合性","仁"就具有"和合性"。"仁",从"人""二",两个人代表沟通、双向的交流、搭配,也代表搭配后的和谐。

老一辈的学者说:"甲骨文中没有'仁'字。"今天的学者说:"甲骨文中有'仁',不过只是作'人'讲。"我们看钟鼎文,也可以看到当中好像有"仁",因为古体字非常相近,也还是做"人"字讲;《诗经》中好像也只有三处有"仁",不过它也做"人"字讲,或者作"美""美好"讲。直至《论语》中出现"仁"字,从此"仁"构成中国人所追寻的理想,成为最高的价值系统,而这个"和合性"一直要发展到战国,以至于秦汉时期才完成。《礼记·乐记》《易经·系辞传》或《易经·象传》中谈"和合",以至于《吕氏春秋》《淮南子》,并不是孔子思想的中心;不过,"仁"是"和合"最重要的一个前提与核心。

"爱"的觉醒与学习

孔子的哲学、思想,是从"仁"开始的。孔子以后,"仁"成为中国学术思想的中心。如果站在哲学的立场,透过孔子,"仁"成为一个重要的哲学课题,哲学最重要的知识系统的开头。就如同希腊早期哲学家泰勒斯说:"水是万物的根源。"此后,整个西方到今天都在探索宇宙的本质和根源。这种彻底的探索,中国基本上是从"仁"开始,成为一个追求"仁"的哲学系统。我们可以说,"仁"字在本质性的陈述上,对于"人"有了一个规范,让我们看到人有爱、人必须活在爱中,同时,人在爱中会逐步觉醒。

近代心理学家弗洛姆写了一本重要的心理哲学著作，叫作《爱的艺术》，教导大家如何去爱、如何适当地去爱！"从人性最根本处来看：'爱'是构成人、完成生命，最重要的渴求与本能。"弗洛姆又说："如果没有爱，我们能不能想象人生会如何？'爱'是人的生存问题中，唯一能让人满足而且觉得活着有意义的答案！可惜，大多数的人都不能发挥自己的这项能力，使爱实现真正的价值，达到最高的理想境界！"换句话说，就是："人有爱，人需要爱，可是，人会不会爱？"

真正的爱——"己所不欲，勿施于人。"

"仁者爱人。"所谓"爱人"是"己所不欲，勿施于人"。小时候读书，老师对我们说："中国人太消极，所以中国会积弱、会落后，主要原因就是我们不能像西方人一样'己之所欲，施之于人'。""己之所欲，施之于人"，这样的宣教方式很可怕，那是具有高度的强迫性的，而真正的爱就是："己所不欲，勿施于人。"

我是人，你也是人，我推想："我有不喜欢的，我有自己的感觉，我有自己的需求等，在这种情况下，从自己推而想之，我虽不知道你要什么，但你一定有你之所要，不过，至少我尊重你，给你选择的空间，我不把我不要的推到你身上，也不勉强你，不增加你的为难之情。"换句话说，真正的爱，就是一种体贴、一种尊重、一种留出空间才能完成的，而这就是"仁爱"的"仁"。

生命成长的喜悦

关于"学而时习之，不亦说乎？有朋自远方来，不亦乐乎？人不知而不愠，不亦君子乎？"在此也提出说明。

自我认识——"学而时习之，不亦说乎？"

记得钱先生跟我们讲《先秦思想史》，他第一节课就拿起《论语》说："你们大家都读过《论语》吧？"我们当然都说："读过！""那你们来讲讲《论语》吧！"大家就讲啊讲……他听后哈哈大笑，把桌子一拍，说："你们都是外国人！"

钱先生说："《论语》其实很简单，就是生命喜悦的学习！《论语》开宗明义第一章'学而时习之，不亦说乎？'而什么是'学'？这固然有知识的学习，其实也包含了'觉醒'！按照文字学：'学者，觉也。'当我们觉醒、意识到，并开始去做一种生命的探索，让自己的生命获得成长，难道还有比这更快乐的吗？所有的快乐都有时间性，唯有这种觉醒、探索，看到自己生命成长的那种喜悦，可以让我们摆脱很多我们认为不自由的巨担。"先生又问："你们知道什么叫自由，什么叫不自由吗？你们想过这个问题吗？生命要求的自由，其实也须透过学习。"

自我建立——"有朋自远方来，不亦乐乎？"

在努力学习的过程中，我们慢慢会有所完成。很多人看到我们逐渐成长，很可能就会好奇地问："你是怎么做到的？"学生们或看到老师面对困难时，以正确的方式、态度解决了难题，觉得很了不起，就来跟着老师学习；或者一些朋友也都齐心来学习，这不就是"有朋自远方来，不亦乐乎"吗？"学而时习之，不亦说乎"是借学习而"自我认识"；"有朋自远方来，不亦乐乎"则是借群体讲"自我建立"。

自我完成——"人不知而不愠，不亦君子乎？"

自己不断成长，境界不断提升，可能有一天，你会发觉很多时候别人并不了解你。你会不会觉得闷？"人不知而不愠"的"愠"就是问："你闷不闷？你孤独吗？寂寞吗？会不会因此而引起焦虑？""愠"是内心的愤怒。如果不会，你不就是一个独立自主、自我完成的君子了吗？

所以，一部《论语》就是讲生命的喜悦，然后谈如何去学习、获得这份喜悦，让自己成熟，以至于成为一个人。

追求成熟的爱

我们常常觉得"仁"不似以前想象得那样古板，实际上，它是一种生命喜悦的学习，以及自我独立、自我完成的学习。《论语》这部书就是一个生命喜乐的享有！这个观念正如弗洛姆所说："这是一种成熟、自知而有勇气的爱。"

弗洛姆说："'成熟的爱'是一种主动的、积极的活动；不是完全被动的情感，也不是盲目的沉迷；它是勇于给予而不会一味地索求；同时也是一种对所爱的人、生命成长的主动的关心。"其中含藏着：**责任、承担，还有尊重**，并且愿意深入了解。

孔子认为，真正的教育，是要让每一个人依自己的个性来成长，使其健全而且成熟，愿意深入了解与体谅。所以，成熟的爱可以保持人的个性和个人的完满性，又能摧毁人的封闭性，使人能够克服来自自身寂寞和孤独的焦虑。换句话说，人唯有在"爱"中才能自觉，才能自我肯定、自我发展、自我实现，也才能自我完成，如此才能感到幸福和快乐，以及生命的完满性。所谓生命的完满性，是指到生命的最后一天，会觉得了无遗憾，会觉得自己曾真正享有生命。从西方学术领域来讲，这是一个审美的完成。什么叫作审美？什么叫作美学？

美学基本上就是一个人的生命完善性的感受，也就是让你觉得："活着真好。"在这个前提下，中国人的文化和学术生命，以至于中国人的个性，都充满了活泼的生命性，以及**对生命完满性的追求**。

"仁"与《论语》德目

新文化运动以来，人们总觉得这些具道德性的字眼，是八股，是规范，是对人的拘束，甚至扭曲了人的本性，认为我们应该回归本性！我们不能否定在某个历史阶段中，人们会将它规范化、规条化，甚至于成为某种法律的延伸，达到律法的效果。清朝以此为规范，达成严密的政治统治，以求得社会稳定，以致后来新文化运动全面反弹。但从《论语》本身来看，孔子对这些观念的提出，有其深奥的人性的觉醒。

《论语》德目

"仁" —— "忠""恕"

我们深入去看"仁"。孔子说"吾道一以贯之"时，有人问："'道'是什么意思？"曾子说："忠恕而已矣！"那么，什么是"忠恕"？

"忠"是"尽己"。"尽己"就是让自己活得淋漓尽致！同时，在这一过程中试着认识自己。那是个人局限的突破，也是个人对自身了解的过程。

"恕"是"推己及人"，以及"己所不欲，勿施于人"。前文我们讲了"己所不欲，勿施于人"，此处讲"推己"，也就是根据自己曾经有过的历程，去推想别人可能有的状况。比如，我们曾经饿得发慌，好高兴终于可以吃饭了，一坐下来，没有先问候大家，就先端起碗来自己吃。如果换作别人如此，我们很可能会说："哎呀！这个人没规矩，真是粗野！"可是，如果我们换一个角度，回到自己曾经饥饿的感觉上去推想："难怪他会这样吃起饭来！"这就是"恕"——推己及人。尤其我们做老师的，有时面对学生的提问会有直接的反应："你怎么连这个也不懂！"这就是不自觉地有了主观的要求，或从自己认定的标准出发。这不是"恕"，"恕"需要回到基本的生命经验上。

换句话说，"推己"是突破自我，去认识别人的开始，"己所不欲，勿施于人"表面上是消极，实际上是更宽广地去走进别人的世界，也是一个外在的世界！所以"忠""恕"是内外相互交融，而完成一个完整认识的开始。进而我们才能够真正地了解什么叫作"义"。

"义"（義），从"羊""我"，古来就是杀羊祭祀，"我"原来是斧头的象形。如果大家认识正楷、认识繁体字，就会清楚很多中国原始基本性的哲学非从正楷出发不可。"义"自古以来就是作为"适宜"的宜，也就是"适当"之义，其中有裁决之义。而杀羊以祭祀天地神明有其适当性。故"义"有"适当"义。而当我们有了"忠""恕"的生命经验以后，自然就能够做出适当的裁决，这就是成熟的爱的表现！

"礼"——从"孝""悌""温""良"……谈到"庄"

"礼"，指有分寸，并得体地表达，也是一种适当的、外在行为的表达。

"孝"，当我们面对父母，或者我们长大以后，仍能够保有我们最初的那份情感，这就是"孝"。人最直接、最早、最原初的情感，就是我们对父母的依恋，所以，当有弟子主张不守"三年之丧"，孔子问他："你心安吗？父母怀抱我们三年，现在父母去世了，你都不纪念一下，你心安吗？"

"孝"是爱的教育，同时是适当的一种情感的保存，保存了对于父母的那份爱。按照生物的本能，通常我们会全力以赴地爱下一代，可是，我们对上一代，会随着时间的推移而忽略了。曾经有一部纪录片，报道北极圈里面的原住民，他们仍然维持着一种依循生物本能的习俗。因为食物不足以养活三代，当第三代被生下来的时候，子女便将父母与食物留在原地，然后带着新生儿寻找新的生活天地。待父母把食物吃完以后，就交给自然去决定，这就是生物的本能。但是，人不是生物而已，人是"人"，是一个特殊的"类"。透过"人"对自我意识的觉醒，人以爱与智慧改化自然，建立人的生活与社会。

"悌"，则是有了"孝"的这份"爱"。有了这份爱，推而广之，成为对于兄弟的友爱——"悌"。悌从"弟"从"心"，再扩而大之，是与这个世界、这个社会的交往，而一切都由兄弟般的感情出发。

"温"，有了"爱"为前提，我们对待人会随时回到那份温柔、体谅当中，这就是温柔的源泉。

"良"，如此我们自然就充满了善意，"良"就是一种善意。

"恭"，在"良"的前提下，我们会很自然地自我要求——"恭"，那是对自己以及对人、对生命的一种尊重。

"宽"，由"恭"而心怀"宽"，我们在心理上自然也就会比较宽广。

我今天用这种说法，没有绝对的外在逻辑性关系，但有内在心理性联系。

"敏"，就是勤快，就是有生命行动的力量。

"俭"，同时我们会珍惜每一件东西、珍惜每一个际遇，"俭"有收敛的意思，引申为珍惜，也是一种自我的掌握与自制。

"直"，同时我们会很真实地去面对一切事物，这就是"直"。

"惠"，当人有能力去体谅，也就有能力付出爱、付出关怀，这就是"惠"。

"让"，当有爱的时候，人自然就能"让"。

"耻"，所谓"耻"，是一种高度的自觉，尤其是对自己做得不够好的一种反思性，这保持了自我对完满的追求。

"简"，一切在最真实的状态中，要求真实的情态呈现，不需要太多的修饰，自然就简单。

"庄"，在内心充满自觉性的认知中，也就自然产生一种庄重、从容、稳定的仪态，其背后是一份深情，是一种对人、对事物、对自己最适当自然情意的表达。

"礼"，在这一切理性与感性的交融中，自然就能做到"礼"。

"智""勇""乐"

"智"，能够完成这些德目就是"智"。智慧，就是高度醒觉后的一种成果。如此，我们的生命才能够真实，才能够建构起自我的主体性。

"勇"，这样我们才能拥有生命的勇气，并自然去承担，而不是视其为加诸我们身上的一种被动的责任。

"乐"，然后我们才能享有生命的快乐！

这种心理与行为的完成，就是"仁"。"仁"是一种完全的觉醒，是理性与感性交融的统一心理状态和认知，是人能适当爱人的表现。

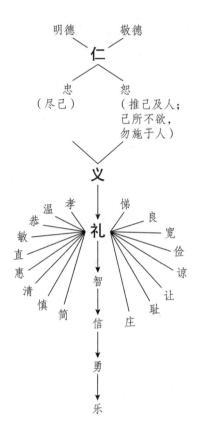

谈"仁"

孔子为什么说："巧言令色，鲜矣仁！"

"仁"即代表一种完全的自觉、一种成熟、一种爱的认知和掌握，其实是一种主体的建立。所以，当人们只是一味地讨好人，说些讨好人的话，一味做出谄媚人的神色，就是缺少了真正的自觉、真正的独立，还有真正的能爱人的表现。

子曰："唯仁者能好人，能恶人。"

"仁"者是"仁爱的人"，只有真正的自觉者，具有高度成熟的爱的人，才能够真正地去爱人，或者不喜欢什么样的人。我们可能会误以为，一个仁者就像菩萨一样，什么都爱，其实，儒家跟佛家的爱不同。

（1）佛家的慈悲是从"空性"出发

从空性出发，即看世间的一切事物都不确定、一切都无可掌握；世界在流动的过程中，刹那之间一切事物都在变化和消失；人的痛苦，则是来自渴望把这些事物当作永远的、固定的、坚定的，从而造成许多冲突，产生许多痛苦。等到我们看到了这个空性，从中觉醒，便不再留恋、不再坚持、不再执着于某一处，然后我们便理解到了："哎呀！原来大部分人的痛苦都是从这里来！"而内心所产生的那份同情，叫慈悲！

（2）儒家的爱从人性出发

在真正的爱当中，人会排拒那种不够宽广，具有条件性和控制性的爱。常人的爱很容易走上条件性、交换性，如家长常对自己的孩子说："你考到九十分，我给你一百块。"以鼓励小孩子，实际上，这是一种交换的条件，会让孩子在成长到某个阶段的时候，不相信这份爱，因为他觉得这份爱是交换来的，是有条件的。

对于无条件的爱的向往与追求，是人天性中的一部分。唯真正能爱人，懂得爱人的人，"能好人，能恶人"。

"不仁者，不可以久处约，不可以长处乐。仁者安仁，知者利仁。"

"不仁者，不可以久处约。"一个没有真正觉醒的人，绝对没有办法长期处在某种无发展前景的地方。我极其喜爱教书这一行业，我不知道各位选择教书的老师，是否喜爱教书？在台湾经济发展的过程中，有个阶段，全社会似乎都从商业活动中发了财，只有公教人员没有机会。许多不得已教书的老师就觉得自己似乎是社会中最没发展的人，于是很多老师放弃了教书，这也是不能久处约，其实也是没有真正看到自己的性情在哪里，工作、职业都只是为了一时的生存要求，而无法全力透过自己的性情去发展完成自己；如此也就"不可以长处乐"，即无法享有真正的喜悦，总是患得患失，有很多忧虑。

"仁者安仁"，一个真正的觉醒者，完全可以安于自我性情的享有当中；"知者利仁"，真正聪明的人是会努力、有力地走向让自己完全觉醒的路。"利仁"，即做有利于"仁"的努力与活动。

"苟志于仁矣，无恶也。"

当我们全力以赴走向觉醒的时候，我们不会去做伤及这份觉醒成长的任何事。"恶"字——"亚""心"，换句话说，人就是这个心，做不到这个心就叫恶！它跟西方的那个"邪恶"是不一样的！

什么是"志"？我记得钱先生问我们说："你们有没有立志？"当时有人说："立志做大事"吗？还是"立志做老师，做教授"？他老人家说："这不是立志，只是决定从事一个职业，只是想要在某一个专业下发展！"接着又说："古人说'心之所之'，即人心中最深沉的那份向往、那份对生命的向往。所以是'士''心'为志，而'士'之意是觉醒者！"

一部《论语》即在生命的觉醒，自我觉醒后谈"士"、谈"君子"、谈"儒者"。

"人而不仁，如礼何？人而不仁，如乐何？"

没有仁，礼的意义是什么？不过就是个形式而已！一个没有爱与情的形式，那也只不过是个规范；同样，没有爱与情的音乐，也只不过是一种声音的花样而已！

子曰："礼云礼云，玉帛云乎哉？乐云乐云，钟鼓云乎哉？"

"礼"，难道就是供着玉器、烧点纸钱吗？"乐"，难道就是一个单一的交响乐吗？即其中得有深情。没有深情，就没有礼乐。

子曰："诗三百，一言以蔽之，曰：'思无邪。'"

如果整个艺术，或说整个礼乐展现在《诗经》中，以一句话来概括就是："一言以蔽之，思无邪！"鲁迅先生对这个问题批判得很厉害，他认为，它箍住了中国人的自然天性，是造成中国衰落的根本因素之一！

其实，"无邪"的这个"邪"字，就是"斜"，所以，"无斜"是"直"的意思。而"思"依照《诗经》里面的意思，是语气助词，无义。这句话的意思是，《诗经》三百篇，可以用一句话来概括，就是"直"出于人的性情，是人情感的直接表现与反映。

我们打开《诗经》来看，很多人都会觉得：哎呀！该都是些道德性的规范吧！其实，它不是！尤其是《国风》当中就有很多情感的记录。如一开始就是："关关雎鸠，在河之洲，窈窕淑女，君子好逑。"

这是讲人有归属性的渴求。人渴望一个伴侣、一个相知的伴侣，这是人的天性，它如同本能的渴望一样强烈！如同"它是我的！我拥有这个世界"的那份感觉、感受，是真正的相知相伴，也是最满足人的。

"窈窕"，一个能知心的女孩子，"淑"是充满善意，古人说"淑者，善也"。而"窈窕"是女性的特质，女孩子心思很细，有时男孩子一有想法，女孩子即可依直觉马上就知道他要干什么，女孩子要真发挥了这种本能，也就有大智慧了。今天"男女平等"其实应该真正从这里讲起——男女各自发挥自己的好特性！

今天讲"男女平等"，也可能让女孩子做个假男人，是不是？如果用男人的标准去衡量，这其实也不平等！西方自古男女不平等，到莎士比亚还有："女人，你的名字叫弱者。"或者，"弱者，你的名字叫女人"。中世纪逐渐发展起来的骑士精神，其中有一项是要保护女孩子！《圣经》中说："男人是女人的头。"这些是因不同的生活习性和生命经验中所发展出来的观点。

在中国来讲，一个君子在《论语》中已是一个觉醒者，他不再只是一个贵族，而是一个觉醒者的名称。一个生命的觉醒者，其真正的伴侣该是怎样的呢？该是一个非常体贴的、具有女性特质的女性。这样的女性特征不是娇弱，而是能发挥女性的直觉与智慧：对自己所爱的人有些什么心思，能有所关心和了解，而不是只有责备、批评，是人的一种相知与相亲，否则生命的步调就不能一致，将来必有冲突！这里讲的是一种生命的步调，这也是恋爱的条件。恋爱是建立在男女双方的个性上、相处上，所谓的条件也是在这天性上！

我们再看《诗经》其他部分，也有很多背叛的爱情。《诗经》绝对不是要把我们的情感框住，而是让我们看到什么是情感。所以孔子要我们读诗，因为唯有读诗，才能认识人的情感，才能从人的情感中认识人，以至认识自己，那是情感教育的重要范本。

所以，《礼记·经解》篇中说："温柔敦厚，《诗》教也。"就是教我们适当地处理我们的情感，以恰到好处，这就是"温柔敦厚"。

子曰："小子何莫学夫诗？诗，可以兴，可以观，可以群，可以怨。"

"诗，可以兴"，情感是人类群体的共同性，从这里我们可看到艺术所唤起的情感，虽然有各自的发展，但是情感的感动有其共通性。"可以观，可以群，可以怨"，可以让我们看到什么是人性，可以了解社会人类，同时也可以看到人类情感的悲哀处，这是对人性的了解与观察。

子曰："求仁而得仁，又何怨？"

子贡问老师，伯夷、叔齐这两个人，互相让国，逃出自己的国家，听说文王那里生活很好，就跑到文王那里去，结果没想到运气不好，他们尚未抵达，文王就死了。这个时候武王正好拿着文王也就是他父亲的神牌，以文王向国际提倡的"爱"与"和平"的政治主张为号召出征。当时，三分之二的诸侯都支持他去攻打商纣。

他们两人在路上拦住武王的马，问武王："以暴易暴，可以吗？你想用战争的手段换取和平，可能吗？当你提倡'和平'跟'爱'的时候，却用战争去实现，对吗？"等到战争结束，西周取得了天下，他们更拒绝受封、拒吃俸禄，就是"耻食周粟"，用现在的话说："拒吃周朝的米。"有人问我："拒吃周朝的米？那他吃草也一样啊！那也是周朝的啊！因为'莫非王土'啊！"其实不是这样解释，他是"拒绝俸禄"。因为西周建国的政策，是让所有的诸侯恢复自身的国家，曾经存在过的诸侯，也都会让他们恢复身份；如此，王天下为天下。所以在古代史上，一直从孔子到唐朝，甚至到宋朝都觉得西周封建制度是上古时代的良好制度，孔子赞美周公，不是守旧地想恢复西周，而是呈现西周"还天下于天下人"的理想。但当时的伯夷、叔齐拒绝了，他们从原则上反对周武王的战争政策，所以，即使周武王成功，他们也不接受！不肯定这份成就！而后隐居到首阳山，慢慢因营养不良而死。

所以我们读文字，要懂文字的本意，文言文不是日常语言，有很深厚的生命性在里面。在这样的情况下"求仁而得仁，又何怨？"有人问孔子："他们怨吗？"孔子说："这是他们自己的选择，最后，他们完成了这个选择，虽然从现实的生命来看，这似乎有一种悲剧性；不过，那是他们自己的选择，就生命的完成上，没有任何遗憾！"也因此，才能有"乐"。

子曰："饭疏食饮水，曲肱而枕之，乐亦在其中矣。不义而富且贵，于我如浮云。"

有了生命的自觉，我们才能超越人的功利计较、超越人的本能原始冲动，这时即使吃粗茶淡饭，然后得到小憩，也能享受到生之喜悦，乐得不得了！

我记得杜威来中国时，罗素同时也来了。罗素赞美中国有全世界最美好的文化，不过，在当时被大家骂得半死，尤其是被主张西化的人骂。他们说："这是观光客看异国情调的心理，不要中国人进步。"

罗素说："他从来没有看过一种文化可以成熟到，即使是一个苦力、贩夫走卒，在他们生活的活动中，始终保持自我喜乐的那个部分！"二十世纪三十年代，那时候的中国很贫穷，许多苦力、车夫、挑夫等在一天辛苦的劳动以后，到井边打水、洗脸，然后从口袋里掏出一个已经几乎发黑的馒头，吃着吃着，就哼起歌来。他认为，人类应该朝着这条路走，让人享有自己的生命，而不是工作八小时，睡眠八小时，然后读书八小时的机械性分割。一如今天像西方人一样，平常忙极了，到假日又冲出去玩。但这也是另一种忙碌啊！

中国人在生活上讲的是一份"闲情"，"闲情"的"闲"就是对生命的享受，是一种歇息，它没有目的性，是一种回过头来，享有自己那份对生命的感受。所以才能够"饭疏食饮水，曲肱而枕之，乐亦在其中矣"。这"乐"就是对生命本身的享受。

"不义而富且贵，于我如浮云。"如此才能超脱出功利性的限制，才能超脱出来自本能冲动的局限！如同西方哲学家康德在美学上所讲的："人，天生不自由。"人在现实的人生中，天生受制于那原始的生存冲动，为活着而奋斗。西方基督教《圣经·旧约》中讲的罪恶感，其实也是指来自人一出生，就没有办法挣脱要活下去的强大念头，人因此自然会有对死亡的恐惧。人类的一切努力，甚至包括人类文明百分之九十的努力，都是为了保障生存，在此之下，人天生不自由，而生命的本身就是一个负担。

这在中国传统文化中很难想象，所以，西方的戏剧和艺术都是以悲剧为中心、为主轴。人唯有超脱，才能取得真正的快乐！而超脱就是超越这种功利性，享受生命本身。

"不义而富且贵，于我如浮云。"这个"义"字，如果把"仁"字拿来一起思考，就很清楚。如果没有真正觉醒、没有觉醒后的完满性，即使得了富贵，对我们来讲也没有太大的意义。换句话说，金钱不足以决定我们幸不幸福，幸不幸福取决于我们能不能意识到什么是幸福。

所以，孔子称赞颜回说：**"贤哉，回也！一箪食，一瓢饮，在陋巷，人不堪其忧，回也不改其乐。"**

当年读《论语》，钱先生问我们："你们知道'陋巷'吗？你们知道贫民窟吗？"陋巷就是贫民窟，颜回居住在贫民窟，在今天，"陋巷"亦指贫民窟。先生要我们从生活中，从最真实人生的经验中，去理解所有古书中所呈现出来的生命的状态、生命的问题，也因此赞美颜渊。

而赞美颜渊，不是要求守贫。后来很多学者把它说成："中国人不要发财，只要守贫，所以，造成中国经济的败弱。"其实不是这个意思！"人不堪其忧，回也不改其乐"，不是守贫，而是说他并不因为外在条件的好与坏，影响到自己对生命喜乐的享有。

开发生命中内在最中心的力量

《论语》是学习"如何觉醒"，从觉醒中开展自己，然后真正完成爱的寻求的一部书，是"爱""学习"与"快乐"的一部书！有人提出："读《论语》看不到爱！"我们可以说，读《论语》，我们看到的是**理性的爱**，它不是今天人们所说的激情和热情，它是一种"人在高度地审思、理解生命问题之后，将那份热烈的火焰转化成炉火纯青的部分"。那反而能展现出生命最大的热力，它可以把铁化成钢，让生命产生最大的能量。

从觉醒中开展自己

我们再回过头来看"学而时习之，不亦说乎？"这句话，当我们真正觉醒后，在生命体验的过程中去自我发展、自我成长，这不是很快乐的吗？钱先生说："古书后面都是'乎'之类的疑问词，为什么？""这是在问你，而不是在规范你！'学而时习之，不亦说乎？'是在问：'快不快乐啊？'当然这也在提醒——如果不快乐，是为什么呢？这给了人们多大的尊重，多宽广的空间和范围呀！"

"有朋自远方来"，今天我能有机会在这里跟大家讲我的读书心得，乐不乐呢？其实是很乐的！紧张不紧张呢？当然紧张！但有机会跟大家报告我的读书心得、读书体验，是很乐的！可是如果我说出来后，大家都不同意，我会不会怄气呢？不会怄气，时间未到，因缘未定。这不就是"不亦君子乎？""君子"在孔子已是一个具有独立人格的人了。

跨越时代的隔阂

有人说：为什么今天我们不读基督教的《圣经》呢？当然可以读；为什么今天我们不读西方的哲学呢？当然可以读；为什么今天我们不读印度的《奥义书》呢？也当然可以读。只是，我们长期以来历史的生命经验，是从老祖宗那里继承下来的生命经验，他们对《论语》有一个完全的理解和掌握！但是，今天的我们，因为时代的隔阂，有如何学习、理解的问题。

当我们抛开各种成见，真正从文字背后所呈现的部分去理解，就会发觉，《论语》其实是对生命的一种说明。也因此，中国的学术，包括"经、史、子、集"，都以"人"构成，全部都是在"人"的前提下所完成的。

《论语》是探讨"人"，也是全世界以人为主体，最完整的哲学。今天，西方人开始看见他们自身的瓶颈，然后来向东方文化寻求解决方法，其实所找寻的就是"仁"、人的和谐性的问题。而这个部分，中国本身所做的探索和所积累的经验是非常丰富的。

"德行教育"自然完成

"人，只要给予自己一个机会，就能发挥特殊的人类潜能。"我们说《论语》所造就的人和提炼出来的情感，其实是要开展人类最大的潜能、最大的可能。"人要有能力深入自己的情感、思想、欲望和兴趣之中，才能够开发自己原本具藏的资源。"这些其实就是逐步深入探索自己的情感、思想、欲望和兴趣。

西方人说"人的感性世界是一个非理性的世界"，的确，因为它有潜意识的层面、有无意识的层面，也有被我们故意遗忘的层面。但"理性"是探索"感性世界"最好的方式！

西方人把理性跟感性对立，而不断制造冲突；但中国人认为，理性和感性同是人类的认知，"知""觉"是一体的。如果人类的认知之中只有思考性，便无法做到全面认知。人的认知之中，如果有更深层的感受性，"人"就可以完全地展现。这不仅是认知上的明确性，同时还可以展现认知的力量！"德行教育"，基本上是在有了这个认知之后自然完成的。

所谓"唯仁者能好人，能恶人"，"苟志于仁矣，无恶也"。当人的情性完全展现后，所追求的一切，只会让自己的生命不断地提升、不断地完整。这是"人"的另一种巨大的生命追求，是自我实现与自我完成。

在马斯洛的心理学当中，也特别从这个角度，尤其在教育的部分，去说明"人"。《论语》则从实际生活中教我们如何成为一个"人"。

所以，我们如果能够了解到自身的资源，我们的意志才能坚定，我们特殊的能力与天赋才可以发挥，才能够充分地展现自己的潜能，然后用最自然的情感处世。同时，我们能回过头来确定自己的价值和生活与生命的目的，如此就能开发出生命中内在最中心的力量。

爱、学习与生活
——《论语》所探讨的心灵世界

《论语》是中国人必读的一本书。因为《论语》在中国文化中扮演着非常重要的角色，它告诉我们——你何以成为一个中国人，甚至进一步说明——你何以成为一个人。

当然，今日讲"人"的学科很多，我们可以从生物学、经济学、社会学、文化人类学来看一个人，或从伦理、宗教的观点谈人，但最后你仍然会问："所说的这些人，是不是真正的人？"

生物学上说人是由单细胞进化到猿猴的，这点我们不能否认。今日西方受达尔文进化论的影响，认为人是动物，可是在此前提下，人与动物到底有没有差别？在以往的历史中，人跟动物的差别是一个大问题；往后，还会有个新的大问题出现，就是机器人和电脑。这是一

编者按：此文为辛老师谈《论语》应用于生活的重要性之节录，从《论语》谈关系、自觉、欲望，其实五伦背后呈现的是爱与情，此为人类生存的最高智慧，盼青年能有所启发。

个未来的问题。

从前人有"人与动物"的差别问题，现在则是关注"人与电脑"的差异问题。

如果有兴趣，建议去看美国名作家阿西莫夫的科幻小说，他假设很多万年后，人类生存在太空中遥远的大星球上，而地球早已成为遥远如上帝般的传说，甚至变成一种信仰。那时机器人和人几乎没有分别，于是，机器人分为两大派，一派想彻底毁灭真的人类，另一派希望保护人类。这两派发生大斗争，希望把仅存的人类找出来。这是他的小说中非常重要的题材，预言人和机器人的问题，也是未来学中人类学的重要课题。如果机器人有创造性思维，与人如何分辨？这是目前西方面临的重要问题。在西方文化中，原来人的价值是被肯定在基督教的《圣经》中上帝创造人类上，而今随着科学的发展，上帝造人的解释开始动摇或衰退。甚至有人认为上帝是外星人，大胆假设，上帝是原始高度进化的人类，这说法今天虽已淡化，但仍有其影响力。

不论是人和机器人的差别，还是人和动物的差别，其中都产生一个问题："人该把自己放在什么地方？"这也就是人的位置问题。像希腊文化中，人也是神所创造的，必须先解决诸神的问题，才能解决人的问题，人的命运完全交托在诸神的喜怒哀乐中。基督教说，人是依上帝的形象所造的，人必须遵守上帝所规定的事物，于是有了"十诫"，人要遵守十诫，才是一个"人"。印度的宗教，也同样探讨神的问题。全世界只有一个文化是直接探讨人的问题，说明神和人的不同，进而要求神得像人才是神，那么像什么样的人，才是神呢？

我们看看妈祖，还有关公，他们究竟是神还是人？

　　大家都知道，他们曾经是人，凭这点就够了。换言之，在中国，神是由人而来的。如"仙"字，从"人"从"山"，人跑到山里就成仙了；"神"呢？"神"代表祭祀的意思。一张桌子供一块肉就成了"示"，另一边是"申"，"申"的本义是"闪电"，表示在一阵霹雳和闪电中，生命诞生了。今天，地球科学讲地球刚开始时是一片混沌，而后经过不知多少岁月，刹那间，在几万分之一的概率中，透过雷电交加的形式，竟然产生出生命来，这实在是一个妙不可知的事情。中国人给予这种生命的诞生一种崇敬的表示，称这种妙不可知的状况为神。因此"神"就是妙不可言或妙不可测的意思。妈祖的孝行带给当地的居民那么大的感动，超乎我们一般人所想，这实在妙不可言，因而后人尊她为神。关公一介武夫，也能带给后人那么大的感动，使我们了解什么叫朋友的道义。我们感佩他的了不起，也将他奉为神。

以人为本位的文化体系，身心的关系密切

　　全人类的文化中，只有中国是如此以"人"为本位的体系，这是人类的奇迹——中国先决定人而后谈神。在这样的前提下，我们再面对人与动物的问题。进化论说生物的演化过程，到了人进入最高点，从这里，我们把人归于动物的范畴，然而有没有可能，从人开始，生物有了新的进化？圣人乃是从人进化，而后再进化成为神？因此，人是来自动物，但超越动物，不再是动物了。

　　我们再看看人和机器人的问题。一旦机器人有自创性的思维，开始有人的感情，那么我们能不能说它是人？人跟机器人又该如何分

辨？面对两个时代的问题，我们怎么给予最适当的判断，而不致产生疑惑？看看全人类的文化活动、哲学宗教，都无法讨论这个问题，但是如果你们读了《论语》，进而读《孟子》，会发觉这个问题实在非常容易解决。人的确是来自动物，但人也超越了动物的限制，为什么？

生存的心理本能

构成人的生存的，有几个本能，这些特殊能力是与生俱来的，以往只谈到生理上的本能，例如饮食问题、性的问题，近代通常以这两点说明人的本能或天性。如此，在生物学上，人和动物是没有差别的。可是，最近的心理学，从新弗洛伊德心理学后，进而发现单纯的这些本能的满足，无法真正解决人的问题。换言之，今天发觉人实际上还有心理本能：第一，如权力欲；第二，如占有欲；第三，如成就欲；第四，如快乐欲。人类是需要寻求快乐的，假若人长期处在不快乐之中，精神将会崩溃以至疯狂或死亡。我们或说生理本能属于动物的范围，而心理本能是动物所不太具有的，即使有，也仅是一点点，不如人类的复杂。

举例来说，每个同学都做过值日生，不知道有没有这种经验？把地扫完了、拖完了，然后会不断看着地板，心里充满成就感。进一步来看，人类身体上的许多疾病，都和心理问题没解决有关。我曾有过这种经验：先母是因癌症去世的，我在医院里照顾她快两年，在她所住医院病房的那层楼，都是各类癌症病人，经我粗浅地观察后发现，每个病人都有极倔强的脾气。于是，我向许多医师及癌症病人的家属打听，似乎大家都有这个共同的看法，好像所有癌症病人都有这种共同脾性——倔强，甚至可称为顽固。我最近看了一本有关心理学的书，上面谈到癌症病况，甚至包括心脏病、脑出血，都有可能是因心理的自我决定所影响的。所谓人类的一切疾病，基本上，都是在心理上产生某些问题而引起的。

这本书上说，我们的脑分为两个部分，一部分是属于脑的部分，其负责通知我们，并透过我们的感觉，让我们知道去寻求生理本能的满足；另一部分叫作皮质层，则能引发我们心理、情感的活动，以进一步达成人所特有的生命形式。这个问题包括两个层面，一种是因我们心理、情感没有被满足，于是我们情绪上有了焦虑、不安，进而影响到我们的内分泌，以至增加了如胆固醇之类的物质，阻塞我们的血管，影响我们的心脏，而后引起其他种种疾病或问题。另一种是情绪负担太重，如有的同学当了班长，老师赋予他某些权力，本来他不知道什么是权力，突然可以管理同学，于是每天都盘算着，明天要如何管理同学，甚至进一步去追求如何得到更多的权力！又有些同学，成绩有了好的表现，于是就拼命想维持下去，一方面满足自己的成就感，另一方面完成自己的权力欲，因为唯有如此才能快乐，也因而不眠不休地工作，造成体力透支而病倒。

前文提到的那位同学，每天在校内又说又笑，表示他无须勤奋读书，仍然可以有好成绩，可是，背地里每天都读到清晨四五点才睡，第二天七点半就来学校。这种学生到月考拿到好成绩，别人羡慕地说："你是一个天才。"他自己也沾沾自喜地认为："我是一个天才。"以至于当大脑、生理的本能已通知他说："已经太疲倦，不能再劳累了。"但为了满足心理情感的需要，仍然强打精神，或开始借助喝咖啡、喝浓茶来提神，而忽略了生理本能给我们的警告，因而造成身体上的问题，引发身体的疾病。

说到这里，不得不赞美一下中医理论，希望念医科的同学不要排斥中医的理论，而能试着去了解、研究、分析。中医讲人的病有四种原因：第一是来自外感，如空气中的病毒或者受寒、发冷。第二是来自饮食，如暴饮暴食等。第三是属于情绪性的，常常暴躁、愤怒、焦虑等。第四是过劳，包括各种过度的活动。后两类即属于心理性的问题，而这在中国两千年前的《黄帝内经》中，谈得非常清楚。直到二十世纪，西方心理学才开始碰触这个问题，说明造成疾病的，除了病毒等细菌性的原因外，还有心理性的因素，即由于人的欲望不能满足。

人的欲望不只有饥、渴、性，还有心理上的，这类欲望是人所特有的，现代西方心理学家以这个作为人与动物的分别。这种心理性的欲望即权力、占有、成就、快乐这四类，是人类生命构成的重要因素，也因此当我们单纯地获得了物质上的满足时，并不一定快乐。

我有个同学，什么都好，也很聪明，大学考上了自己喜欢的哲学系，读完了又考进台湾大学哲学研究所，他与一位家境很富有的女孩子结婚，妻子非常贤惠，当时大家说他人财两得。他研究所毕业后，不必做事，就可以过很舒服的日子，他每天只是沉思在哲学的思维里。因此同学都很羡慕他，但他自己一直觉得很无聊，后来又自费去美国念书，直到现在还在读，也不想毕业，而且日子仍过得不开心。我们问他："你什么都有了，为什么不开心？"他说："就是因为什么都有，才不开心。"这个问题，其实就是人的问题，是动物不会有的。

换言之，当人什么都有了，不一定快乐。有些人甚至会做些疯狂的事情，使自己走向毁灭，像希特勒占有欧洲后，如果不继续战争而能保住欧洲并且重建新秩序，他就可以成为一个正面的千古人物。这对一般人来说无法理解，但站在心理学的观点看，则是由于权力欲的膨胀所造成的。

《论语》将人的欲望导向正面发展

人的问题这么复杂，我们该怎么办？

中国人在《论语》里就已碰触过这个问题，跟今天心理学、生理学最大不同的是，它没有做如此详细的分析，不过已把人的各种问题都包含在内，然后提供一种认识、一种认知，告诉你怎样调整自己，使这些欲望，不再往负面的方向发展，而是真正把你带上越来越好的道路，让你因为有这些欲望，真正享受到属于人的生命。中华民族之所以能够延续几千年，特别是在孔子而后两千五百多年，埃及衰亡了，希腊罗马结束了，印度某些王朝已被灭了，而中国依然可以轰轰烈烈地走过两千五百年。为什么？就在于中国整个文化和学术活动，基本上就是围绕着"人"打转，我们几乎可以说，中国的学问，就是"人学"，中国的书可以说是一本本"人书"。那么，什么是"人"？《孟子》说："仁也者，人也。"

而什么是"仁"？

从"仁"的相互性思考

有人说过，仁包括两个部分：一是我们，二是人类。他说得很好，但不够完整。虽说我们对于人类，人类对于我们，中间的关系就叫"仁"，然而，为什么？

"我们""人类"，的确，他把"仁"中的某个重要意思提了出来，因"仁"确实是包含两方面的意思，我们按"仁"字的构造来看，从"人"、从"二"，表示两个人或两类人，"我们""人类"是"两个人"也是"两类人"，是"仁"字的基础。

换句话说，"仁"字必须有相互性，要两个人才能产生完整的"人"。为什么两个人或两类人才成"仁"？

这里有两层意思，一是说明人之所以为人，并不是被生物本能所支配的东西，他是有权力欲、成就欲、占有欲、快乐欲的，我支配你，我占有你，达成我的快乐，而你呢？你也有权力欲、成就欲、占有欲和快乐欲要支配我。若人单纯如此，那么就会打成一团，现实社会的复杂性就从这里产生。

现在年轻人的离婚率越来越高，为什么会离婚呢？大家都是自由恋爱而结婚的，怎么又突然彼此憎恨起来？为什么当初相亲相爱，到现在或者非致他（她）于死地，或者非离婚而后快呢？其实，就是这四种欲望，产生了问题。我想支配你，但你必然有反应；我想占有你，每一分每一秒都跟你在一起，你一定受不了。如此全面占有性的爱，你无法忍受。设想一个女孩子爱上一个男孩子，每天都黏着这个男孩子，即使她非常温婉、柔顺，男孩子受得了吗？同样，女生也会设想，一个男生若如此对待我，我是否喜欢？而这就是人的反应。

在心理学上，当人进入一种自我建立的时期，即反抗期，对妈妈的叮咛常视为唠叨而加以排斥，对爸爸的命令也常视为权威加以反抗，这是为什么？因为人要伸张权力欲，要发展占有欲，进而会再追求成就欲，然后去获得快乐欲，因为这样才能完成一个"我"。因而在这个时期，即使亲如父母，人也必须表现"我"的意志。这四个欲，基本上可称为"自我意志"的问题。

自我意志的成长有几个阶段，刚学会说话的小朋友，常以"不要"回答别人的问题。你给他东西吃，他说："不要！"但一会儿他就吃光了，这并非矛盾，而是因为他没有意识到"不要"真正的意思，却只学会了以"不要"来建立他的"自我"。八九岁时，妈妈叫你们吃饭、洗澡，你们会说不要，进而你们会有自己的游戏，而后从十五岁又开始有"自己"的感觉：我需要有一个房间，我要自己听音乐，我不希望被弟弟妹妹打扰，我开始安排我的生活，我宁可跟同学出去玩，甚至写信给没见过面的笔友，拼命倾诉内心的一切……但当爸爸妈妈问你，却回答没什么事，然后关上门，哇哇地哭。在这种痛苦或快乐中，感受到"我"的存在，过瘾！

这种状况大约要到三十岁才能定下来，这就是《论语》中的"三十而立"；到了四十岁，人就会觉得，我大概就是这样子吧，没有什么疑惑的了。因此我们可以用一个"我"，来贯穿"吾十有五而志于学，三十而立，四十而不惑，五十而知天命，六十而耳顺，七十而从心所欲，不逾矩""吾道一以贯之"，贯什么？就贯起这个"我"。

这个"我"既成我，一方面成了我们个体生命价值的基础，另一方面也成了对我们的限制——才能的限制、事业前途的限制，许许多多的限制，就从这里开始，人的关系、人的问题也都从这里开始。这些问题一方面是与生俱来的，另一方面是因为有"我"、有"人"才能呈现。西方讲人，是就绝对的个体而言，有两本小说很有代表性：一本是《鲁滨孙漂流记》，这是西方十八世纪进入个人主义时代，第一本以人的问题为题材的小说；另一本是卢梭的《爱弥儿》。他们假想真正的人必须完全离开社会的影响，单独成长，才能真正呈现出"我"，把一个人放在孤岛，完全不受别人的影响，然后观察这个人的成长。透过这两本小说，我们可以看到近代西方个人主义的指标。

从对偶关系中产生自觉

西方人经过很长的时间才进入这种个人、个体的思想领域，并以此摆脱宗教上帝的限制；而中国则认为单独的个体其实无法呈现，你去哪儿找一个完全与他人无关的地方？既然有关，人的问题就在这关系中呈现。当我意识到有个"我"，基本上来自"你"的影响，没有"你"，我怎么会意识到"我"？同样是"人"，你和我怎么有这么多差别？在这种比较中，我们开始逐渐意识到"我"，因为意识到了"我"，才能生存下去，没有"我"，我们就活不下去。"我"，是一个生命的开始。当小孩子意识到我与外界是一个整体时，他首先说的是"不要"，他那时不会说"我"，就用"不要"来分割你和我、我与外界，而后到了一定的年龄，开始说我需要什么，这时的"我"，才开始正式建立。这要从群体中才能产生，群体从两个人开始，从一个对偶的关系开始。

从对偶关系中，我们有一个自觉：我要什么？你们早上起来不想吃饭，有的时候是表示有了自己的意志和主张，以往，被妈妈强迫吃早饭，现在对你来讲，变成"我"的要求了。

这个自觉，在今天，结婚后可能成为另一个问题，因为今天的女孩子也是这么被教养长大的。女孩子说"我"，男孩子也说"我"。

以前中国教育女孩子，要她们不说"我"，而用另外的方式，完成一个大我。《诗经》里说："关关雎鸠，在河之洲，窈窕淑女，君子好逑。"要知道"窈窕"，不是瘦的意思，而是指非常深远、含蓄，且能包容男子。女孩子用特有的性格或说是天生的母性，去扩大而成一种非凡的包容性，以包容整个家庭中的成员，因此，在现实中，中国母亲在家中的地位非同小可。虽然不讲话，安安静静的，可是到最后，一切都按照她的计划进行。就如一些家庭的客厅里，爸爸在大声发号施令，妈妈说这件事问你爸爸吧，在卧室里，爸爸却问妈妈："这件事，你看怎么办？"她用母性，扩大那份包容力，把男性融合进来，组合成一个家庭。

可是今日教育是根据男性社会以往的经验，用属于男孩子的特性和需要，去教育女孩子，让女孩子发展出如男孩子的能力。这对女孩子虽然不错，但在家庭中，女孩子可能失去原有的包容力。因为每个人都在诉求一个"我"，然而，世界并不是由一个"我"构成。

即使把世界简化，也得由"我"和"人"，或是"男人"和"女人"来构成，而在有了"我和人""男人和女人"之后，就会产生刚才所说的心理性四大欲望所引发的各种问题。从这里，人类在认知上，自然会有所比较，有所"警觉"。

通过这种"警觉"，可以发现，你我原来是有些不一样；原来我认为这么好的方式，是我单方面一厢情愿的想法，不是你全然能接受的。而你有你需要的方式，那么，是否能请你告诉我——这就是沟通。在这种沟通当中，真正的爱才能滋生、发展。

所以"仁"有两层含义。第一层，是刚才所说的"警觉"，甚至可以说"惊觉"；第二层，是在警觉中，进一步沟通两个人的意识，传达出一份最适当的爱情。父母惊觉于把你当成小婴儿的爱法，已经不适合现在了。妈妈突然惊觉：我的孩子长大了，当妈妈再进入你的房间帮你整理东西时，发现门锁上了；或者做儿女的说："妈，下次再进来请敲门。"又或者，当你告诉她："你不要看我的信。""你不要乱翻我的东西，我有我的私生活。"她会突然惊觉，你开始注重隐私了。而爸爸的惊觉则通常在你开始刮胡子时，你需要用他的刮胡刀了。他们于是意识到你们已经长大，开始按你们所需要的，给予你们关爱，这使得人与人之间的情感，能够更进一步沟通交流。社会上真正的爱与情亦如此发展，包括男女恋爱、朋友交往，这样，才构成一个人类的社会。

"仁也者，人也。""仁"有两个意义。其一包括了警觉，人与人之间不同，即使是亲兄弟姐妹也如此；其二就是爱与情。中国人用"爱""情"用得非常好，英文只有 love，但没有"情"字。他们有 enthusiasm（热情）、mood（情绪），但是没有"情"或"情意"。什么是"情"？情就是真正的爱，它不只是男女间的 love，"爱"是本能的，"情"是从本能中提升。因了解你的需要而调整我的本能，给予你所最需要的，这就是"情"。"爱"是要支配、占有，是要成为权力的；"情"则是尊重对方，体谅对方，理解对方，进而适应对方。

学习人类生存的最高智慧

《论语》讲的就是"爱"和"情"，并教导人们如何去学习爱和情。

《论语》讲的是人类整体的爱与情，也就是中国人所说的五伦。五伦虽是五种关系，但其背后呈现的只是一个爱与情的问题。父子间要没有这份真正的爱与情，单单只是血缘关系，也可成陌路，甚至为仇敌，朋友就更不用说了。兄弟又何尝不是如此？在日常生活中，如仅仅为了满足个人的权力欲、占有欲、成就欲、快乐欲，就不会有真正的爱与情，人和人之间就没有真正的爱情与关心。《论语》就是针对爱与情的问题及学习爱与情所著的，因而也成为中国最重要的一部经书。这本书中，呈现了真正人类的爱和情——这也是人类生存的最高智慧。

中国的思想就像个圆，随时都是起点；印度讲"轮回"，无始无终；西方人来自上帝、回归上帝，有始有终。中国人讲"终始"，"终"前面含藏了一个"始"，"始"后面又含藏了一个"终"，终始、终始，如此永远不断。

中国文化之精神
——《论语·学而》第一章试解

　　人类任何学术的发展，一定有它的历史渊源与文化背景。如果从书本谈起，也一定有相对应的基础书籍。

　　我们泛观西方，构成西方学术的发展——在希腊有柏拉图的《对话录》《理想国》，以及亚里士多德的众多著作；在希伯来有所谓的《圣经》。

　　《对话录》《理想国》属于科学性的学术发展；而希伯来的《圣经》则影响了人文学科。直到今天，我们看到在自然科学中所追寻的客观世界和基本问题，仍在希腊早期哲学的范围里。而民主法治亦建立在宗教性的"天赋人权"的前提之下。

　　至于印度的《吠陀经》及而后的《奥义书》，至今仍是印度人基本生命的信仰与价值选择的标准；此外，中东的阿拉伯民族则仍以《古兰经》为一切行事之中心。

不谈这些书，则不知他们的学术根源，不知他们的文化性格特质，更不知他们的民族性格。

一如我们今天也说"民主法治"。而对"法治"一词所给予的定义，通常只是"依法行政"。其实"神权时代"也是依法行政，"君权时代"也是依法行政，然而此法非彼法。

民主法治的"法"，是已预先蕴含主持"正义"，维护"正当"之义；而正义与正当的前提，则在"天赋人权"上。换句话说，上帝予人以基本的生存权，此生存权大体说来包括了：财富、居住、迁徙、言论，以至政治、社会、学术、文化等权利；从基本生命的存在，到物质生活、精神生活的享有，这是上帝亦是上天所给予的，是人与生俱来的，凡人皆共同拥有，任何人不可剥夺。为了保障这个权利，人们才制定法律加以维护、加以保障，或透过法律的途径加以达成。因此，若说"法律之下人人平等，法律之下人人自由"，是不完全正确的。人生存的平等与自由是天赋的，是与生俱来的，而非法律所给予的。法律是人达成此天赋的工具而已。如果社会法律中无此精神、目的或无此条文、能力，则当加以改善、制定。

我们若不读希伯来的《圣经》，不读他们的经典著作，如何深知这一思想的根源与脉络？而不知这一思想的根源与脉络，又如何深入了解并掌握民主法治的精髓，且加以适当的学习与实践呢？

回头来看，《论语》则是中国学术的根源。

孔子继承前人文化的活动，**以一个"仁"字为中国知识、学术的基础**，将中国自古以来的经验、应用性的知识，混合而成学术，建立起理论的基础。

"仁"可说是一种心灵的自觉

孔子以"仁"界定了人的性质，使中国以"人"为研究对象的知识，有了最根源、本质性的依据。

"仁也者，人也。""仁者爱人。"人从"爱人"的情意活动中最能意识、反省到别人与自身的种种需要，进而了解到生命的问题。因此，我们可说"仁"是一种"心灵的自觉"。

透过这"自觉"，人会意识到"自我"，然后认识自我、建立自我，以为自我的肯定，进而完成自我。

换言之，人生真正的幸福，是建立在认识自己的基础上。因为当我们真正认识自己，才会知道自己的长处与短处，并学习接纳真实的自己。

孔子用"仁"说明了人之所以为人之特性，并用之含摄了"人"从自然人而成为"人"的心理成长过程。**整部《论语》以此"仁"为中心，开展人全面崭新的生活。**

"圣之时者"与胸怀

孟子说孔子是"圣之时者也"。孟子把圣人分作三类：一是圣之任者，即积极负责的一类，如伊尹；二是圣之清者，即清高自守的一类，以伯夷、叔齐为代表；另有极其随和而又有自己原则的一类，如柳下惠。

伊尹不论国家上不上轨道，为政者清不清明，他都积极负责、全力为国。

伯夷、叔齐兄弟是孤竹国的王子，他们一个以礼、一个以父命为由，互让王位，结果双双去国，不受王位。其后投奔西周，认为周文王能尊贤。然而在路上遇到武王率军要去伐纣，他们叩马而谏，提出：这样是孝道的表现吗？人真能以武力解决问题吗？待武王统一天下，他们拒不受禄，隐居首阳山，采薇而食，以致营养不良而死，死时对自身之选择毫无怨言。孟子赞他们是"圣之清者"，这份清高能使贪婪的人知道，人世间尚有人可一无所求地坚持理想；使懦弱的人知道，有人竟能为真理面对大军毫无所惧，甚至奉献出一己之生命。

柳下惠则是"圣之和者"。他亦是不论外界如何、职位高低，只要人们需要他出来做事，他就出来工作，不过所做得依自己的理想与原则，绝不妥协。柳下惠说："尔为尔，我为我；虽袒裼裸裎于我侧，尔焉能浼我哉！"意思是："你是你，我是我，即使你脱光衣服，在我面前，又何能侮辱到我！"

这三者同是圣人，同代表人类的一端，而孔子则是集大成者。因为孔子是该清的时候清，该和的时候和，该任的时候任，随时进退而不失其正，是以为"圣之时者也"。

儒家之道，是以"仁"为中心，以"时"为行事、行仁的依据——这就是"义"，也就是"礼"；一切不失其正，用心不失其正就是"智"；仁、义、礼、智而后，再加一"信"——确实不移，内外一致。"仁、义、礼、智、信"五者皆成儒家的中心德目。而"孝、弟"则使人们学习自觉、达乎仁道，知道如何适当地认识自己，适当处理自己的情感、情绪，不使自己因个人情感的好恶、心理的成见而受影响，引发对自身或外界的误解。而后根据这份清明的理性，处理事务，尽忠职守，信实不渝地走完自己的人生道路。

据史书记载，孔子当年为鲁司寇，三月而鲁国大治，路不拾遗、夜不闭户。齐国大恐，怕鲁国强盛而成心腹之敌，于是派出一队女乐如同派出当今才艺皆佳的歌舞团做文化访问，用来蛊惑鲁国君臣。孔子虽然反对，但无效，鲁君与执政季氏流连忘返，孔子知"道"不可能再行于鲁，于是毅然决然辞去官职。

齐国得知孔子辞职，想用重金礼聘孔子前去，但因晏婴反对而作罢。晏婴是站在齐国的立场说话，然而从《论语》中，我们看不到孔子责备晏婴，反而有赞美晏婴的话语，如"晏平仲善与人交，久而敬之"。

孔子的伟大，或也可经由这里了解。孔子乃是站在人类的立场看世界，以世界性角度看世界。当然，当时的世界不是今天的世界，不过当时整个中国也就如同今天的整个世界，因为当时整个中国分成数十个国家，似如今之欧洲。**孔子面对这个世界，固然不离其鲁国的立场，但也超越了鲁国的立场，经天下人类来审视世界，提出主张。**

拥有自觉，时时学习，再以独立精神通往喜悦之路

"学而时习之，不亦说乎？"

整个人类的活动都关乎这个"时"字。我们今日看孔子，不只从今日的立场去看，亦当回到那个时代去看，才能更了解孔子、了解孔子提出"仁"字在中国学术上的重要性，甚至在今天的人类世界中的重要性。当西方的上帝，因自然科学种种实证的要求、达尔文的进化论对人类演化的说明而动摇；以及弗洛伊德从欲望的立场对人性的分析；商业价值对宗教道德价值的摧残，带来整个西方世界对人性善良的根本怀疑之际，孔子的"仁"，人性中与生俱来的自觉能力，即可为

人类带来良心、良知的指导，使人类自身恢复起码的自信。

人不会因上帝的隐去而沦亡——只要人不失去自我审视的能力，并能了解自身情感的需要。

没有人不需要爱，不需要被肯定；没有人不需要生命，不需要愉悦。有此意义，人世间即能有是非、善恶的分野，即能建立其适当的，合乎人心、人情、人性的道德标准。同时也能在此基础上建立真正有益于人类知识、学术等一切科学的活动，最后皆能用之于人类正面的建设，以增进人类的幸福为依归。

"学者，觉也。"学术的建立，即是一自觉的活动。人类从此自觉，建立知识、发展学术、提升文化、促进人类的进步。这一连串的活动即是一"时"、一"习"。

"习者，行也。"朱子说："习，数飞也。"即如小鸟习飞，反复练习。人类从个人，到群体，从自我的认识到整体文化的活动都是此一"习"的结果。我们面对此结果，进而从我们自身学习，时时学习，温其故而知其新，了解人类的大进程、大方向，这不是一件令人愉悦的事吗？然后再进一步将我们所习得的智慧，随时而习、而行，以求更深的体验与心得，同时用之于正确得宜之处，这不又是一大喜悦吗？

从此，自觉的喜悦而生，进而建立自己的见识，然后建立自信，肯定自己，不为外界一时的荣誉与褒贬而受宠、受辱，天地再动荡，内心自有一个和平宁静的世界。**如此的坚定自立，呈现了自己独立的精神与风格，这就是所谓的"德"**。"德者，得也；行道而有得于心者也。"这是个人独立的表现，又是人类之所以为人类的天性之一，是人坚持自身的存在，维护自身的存在的自然又必然的表现。

"有朋自远方来，不亦乐乎？"

"德不孤，必有邻。"在这个自我实现的过程中，人与人从自身、心灵的体验里，有了共同的经验，引发人性内在的共鸣，相互肯定，甚至不远千里而来，所谓"同门曰朋，同志曰友"，济济一堂，以文会友，以友辅仁，这不也是人生一件大乐事？一如我们共同研讨《论语》以及其他中国经典，甚而西方经典、人类思想，不也是一件快乐的事？

从我们内心说起，**《论语》既是论"道"之语，亦是论"心"之语**，是孔子与其弟子相与论道之语，亦是他们相与论心之语。朋友之交心心相印，师生之交即在亦师亦友、亦兄亦弟，或而父与子之间，此关系之厘定，即在道、在心。人生能有此朋此友、此兄此弟、此父此子，或一师生，不是一大快事吗？今天有谁能超乎此情意之外，不要朋友或不要知己呢？

然而朋友、知己之相契于心固是一乐，人生际遇则又不可强求。从个人内心的自觉中，我们一天天成长，在整个"学而时习之"的过程中，我们一天天进步、深入，我们的知解见识，与生命意境愈来愈高。或有一天，只有极少数人能了解你，此极少数人又不易相遇，甚而无法在今生今世相遇，面对此种孤寂，你将何以自处？汉扬子云放弃赋的写作，而写《法言》与《太玄》，人们看不懂，劝他放弃，他说："后世复有扬子云，必好此书。"宋欧阳修提《易经·系辞传》非孔子所著，人们也劝他放弃这种主张，他也如此答之。这是何等自信！现之于他们的生活，他们亦不失原有的愉悦与快乐。

"人不知而不愠，不亦君子乎？"

这是从自信中来的生命境界。到此超乎一切世俗的荣辱、宠惊之外，安然独立，而又不失原本的愉悦与快乐，心中无一丝愠怒与遗憾，这不就是一个独立自重的君子了吗？君子所重在**人格之独立与精神之自由**，唯其"人不知而不愠"方有此独立与自由之可得，而这也就是自我之完成，亦即"仁"的完成。

"仁"从个人的自觉始，以至自我的完成止，其间乃一人格的逐步成长与完成。此人格兼含内、外。内，是内心；外，是外在世界，包括社会人群一切现实事物。我们如何调理得当，以求一均衡、和谐的内心，也经营出一均衡与和谐的生活世界，从中我们获得真正生命的喜悦，享受人间真正的爱与快乐。

孔子象征人类理性的光辉

《论语》开宗明义即以"学而时习之，不亦说乎？有朋自远方来，不亦乐乎？人不知而不愠，不亦君子乎？"点出此人生之真谛。**即以"仁"为中心，教人如何去获得爱、理解学习、认识真正快乐的生活。**

毕竟人活着不能没有爱、没有学习、没有生活。

国学即将此人类自始以来之消息，用今日人的认识与解释传达出来，而这即是中国文化的中心，也是不同于其他民族的原因。孔子当时将其整理、归纳，赋予新的意义，且用之教导人们，使之承前启后，建立中国学术，发展中国文化。

在人类有文化的活动中，各民族都有其伟大的民族英雄，或崇拜的偶像与权威，他们代表一种理想的人格或人生。透过这样的理想，我们若欠缺一种自觉，则往往会硬性地把这理想的框架套在自己的脖子上，而将自己误导到并不十分正确的自我成长的道路上，造成自我影像的幻灭与伤害。人世间的挫折、沮丧、自卑以至对外界的敌视、仇恨、攻击，常常来自自我影像的破灭。

因此，一个人要有"心灵自觉"，透过这自觉，认识自己、接纳自己、发掘自己潜藏的能力，而后建立自己，将自己带入一个真实的人生之中。从这真理，我们将有一新生命之开始——人不再像动物受制于自然的规律，也不再受制于自己、社会的心理习惯；人从被动，转向主动，进而参与人的命运，开创出新的天地；人因而拥有了自由，享受自由；拥有了独立，享有独立。

以致后世称孔子为大成至圣先师，是以，孔子至今象征的，乃是人类理性的光辉。

《大学》——也是大觉之道

《礼记·大学》

大学之道，在明明德，在亲民，在止于至善。

知止而后有定，定而后能静，静而后能安，安而后能虑，虑而后能得。

物有本末，事有终始。知所先后，则近道矣。

古之欲明明德于天下者，先治其国。欲治其国者，先齐其家。欲齐其家者，先修其身。欲修其身者，先正其心。欲正其心者，先诚其意。欲诚其意者，先致其知。致知在格物。

物格而后知至，知至而后意诚，意诚而后心正，心正而后身修，身修而后家齐，家齐而后国治，国治而后天下平。

编者按：本文节录辛老师对《礼记·大学》篇的阐述，期勉青年可觉察自身，并懂得修身之道，走向自觉、自尊、自信的道路。

> 自天子以至于庶人，壹是皆以修身为本。其本乱而末治者，否矣。其所厚者薄，而其所薄者厚，未之有也。

中国古人好读《大学》，什么是"大学"？大学基本上是与当时的"小学"相对。小学是七八岁入学，十五六岁毕业，受洒扫、应对、进退、书数的基本训练。而大学则是深造的地方，因而，我们可说大学也是所谓的"大人之学"。

那什么是"大人之学"呢？《易经》上说："夫'大人'者，与天地合其德，与日月合其明，与四时合其序，与鬼神合其吉凶。"也就是说，当大人具备与天地一般能化生万物的能力，并具有日月般光明磊落的心胸与智慧，同时能如四时般明确和持之以恒，最后则与先祖们共存亡。这里所谓的"大人"，其实指的是领导者，而一个人如能做到这种程度，他一定是个大彻大悟者，所以我们也可说："大学者，大觉也。""学者，觉也。"因此大学之道者，就是大觉之道也，即**彻底的觉悟之道**。

大觉之道，从认识、发现自我开始

"大学之道，在明明德，在亲民，在止于至善。"

大觉之道，从什么地方入手呢？从"明明德"入手。什么是"明明德"？

"明明德"——用今天的话可说是**认识自我，发现自我**。"明明德"

的第一个"明"字是动词，第二个"明"是形容词，形容这德是光明的。"明德"两个字合起来可解作人先天特有的能力。这个特有的能力，用孟子的话，就是"良知、良能"。

而什么是"良知、良能"？良知就是先天的认知及做正确判断的能力。像婴儿，当把牛奶放在他嘴边，他就会咕噜咕噜地喝下去；到了一岁前后便会自己站起来，然后开始学习走路；跌倒了，也会自己爬起来。在这时小孩子跌倒是不太会哭的。他们跌倒了，再站起来；再跌倒了，又站起来，可以反复做好几次，不知疲倦，这是人天生成长的能力。在此，"明明德"基本上就是去发现自我先天的禀赋与认知的判断，其中，从发现自我，到认识自我，再到建立自我、肯定自我，是一连串自我成长的努力。

"在亲民。"亲民者，可说是"与民相亲"。民，指人，也可扩大指整个"社会"。大学之道，第一，重要的在于如何发现自我、建立自我、肯定自我。同时，还要能与社会有着正面的互动关系，所以我们可以说："'明明德'是建立个人，'亲民'是与人、与社会相亲近。"也就是如何在这两者之间取得一个平衡点。

人要怎样调整自己，使自己与社会间达到一个平衡的状态？在这样一个平衡的状态中，逐步成长、发展，然后能够停在一个最好的状态上，就是"止于至善"。

"止于至善"有深刻的意思。比如：高一的学生，在第一次月考中，可能没有考好，至少不如初中时的成绩。那怎么办？是不是想调整步伐重新出发，或者再想一想，检查一下考试题目以及现在读的课本，是不是和以前不太一样；现在是否不能只靠背诵记忆，而是要理解、研究；是否需要把考试题目重新再做一遍，说不定会发现在应考的方向上要调整等。不能一味地责怪自己，也不能一味地责怪题目，同时还当了解高中成绩优异者甚多，但也不能因此害怕胆怯。当一步一步调整、发掘自己的长处，解决自己的问题，逐步走到最好的状态，在这一点上充分发展，就是"止于至善"。在这探索中，就是大觉之道的重要过程。

能达成这样的过程，并清楚地知道什么是"至善"，以求"止"之，这就要求能"知止"，能知道适可而止，这在中国是很重要的学问。

西方人在不断地追求前进。比如：经济一定要不断地、无止境地发展，他们认为这才是推动人类文明进步的原因。只是，这样会不会导致将来人类物质的缺乏，以及地球资源的全面枯竭呢？在今天这种消费经济的全面发展中，其实有一个假设作为前提，即人类的聪明足以解决一切缺乏的物质资源，到时候人类的科学一定有办法。但是如果没有呢？这本来是一个很严肃的大问题。今天环保的兴起，就是开始警觉到：如果不能无限取用呢？环保观念就从"如果不能"开始。假如有一天人类发现我们所有的努力，其实是一种自杀行为，跟鲸鱼冲上海岸一样，怎么办？从环保方面来说，地球只有一个，物质是有限的，污染必须停止。在这个前提下，回看中国以往能使用这块土地八千年，全世界只有中国在这块土地上使用了七八千年之后，仍然可以不断生产养育十数亿的人。这是以往祖先们"知止"，知道"适可而止"的结果，中国以往耕种常是采用"休耕制"，这里耕，那里就要休耕，并提倡节俭，以此分配资源。

"知止而后有定，定而后能静，静而后能安，安而后能虑，虑而后能得。"

"知止而后有定，定而后能静"，中国人说我们要能"知止"，在日常生活中，"知止"的重要性在哪里呢？在我们"知止"了以后，心情就能"定"下来，即情绪就能定下来。比如如果考不好，是天天懊恼、焦虑怎么办，还是先接受，并进一步分析："我刚考进来，一切还在适应中。现在这样的成绩，是什么因素造成的？我应该检查一下？"有了这样的思考，并接受事实，就是一种"知止"。当你接受了，心自然就会定下来，就不会一味责备自己，不会焦虑、恐慌，待情绪"定"了，而后就能"静"。**"静"是指思虑澄清而安静。**

"静而后能安，安而后能虑"，思虑静了，人的全身自然就能缓和舒泰下来。这个"安"就是指身体的松缓，心理的舒展。当人全身放松，不紧张，身心自然就舒泰，人在舒泰从容的状态下自然就能"虑"。

"虑而后能得"，"虑"是什么？"虑"是深沉的思考。举刚才的例子：为什么会考不好，要试着去分析，并找出造成这一问题的原因。人能够做深沉的思考，才会真正找到答案。这个"得"，就是找到真正的答案，也就是真正的"心得""收获"，与正确的答案。

这是一种向内的探索，也是找寻自我的方式。这种内在的探索，其实就是我们平日所说的"反省"，即"内省"。换言之，寻找自我必须透过"内省""反省"的过程，"反省"最重要的目的是寻找出真相并让自己的情绪能稳定。

在十五岁到十八岁或十六岁到二十岁的年龄，情绪特别容易波动，因为这是生命最激烈的成长时期，任何人在这个阶段都容易有情绪，而我们成长最大的困扰与阻碍我们前进的力量，其实就是"情绪"。有一本关于情商的畅销书，就是讲应当如何调节我们自己的情绪。它说："一个人人生最大的成就在于能不能掌握自己的情绪，调整自己的情绪。"你们能考得好成绩，很重要的是在平日的时间内，至少在考试的时间内，能掌握自己的情绪，然后不失常，考出了水准。而这乃是从小不受情绪的影响，能静下来读书所致。你们基本上都是能专心、定静安虑下来的人，你们自小到现在有了最好的基本训练，因此遇到考试，立刻就能定静下来，**"定静"乃是人生不得了的财富。**

以"定静"面对挑战

记得我以前担任高三老师及导师，每年升学率都极高。许多人认为这或许是有考试的诀窍，其实，当时也就是让高三同学心情安定，专心而已，我用的方法即是这篇"大学之道"。这些考上大学的学生，大多一帆风顺，因为他们学会了此"定静"的方法。许多人之所以失败，即到关键时刻慌了手脚，而人一旦建立真正的自我，就都是能接受挑战的。在接受挑战中思虑仍能够沉静，如此身心就能舒泰从容；身心越舒泰从容就越能真正去深思熟虑。这里"思虑"代表深沉的思考，即能做精细客观的分析，然后看出状况，如此自然就有答案。

"物有本末，事有终始，知所先后，则近道矣！"

这是说**透过知识的学习**，例如：我们学物理学、学化学，甚至学生物，**可以看到自然、宇宙中，有一定的秩序。**

"物有本末"，"物"，是指客观世界，即在客观世界的知识学习中，我们可以看到事物的本末。"本"，是指开始、根本；"末"，是指发展，就是从这里我们可以学习了解到一切事物必有它开始与发展的程序，以此来帮助自己做分析事理的凭借，也可以用来做了解"自我"的依据。而"事有终始"，"终始"也同样是一种秩序。任何事情，有开始有结尾，换句话说，就是有段落、有阶段，也是连绵不绝的。

"知所先后"，我们能够知道这种先后的秩序；"则近道矣"，那么我们就能够接近大觉之道了。这里，一是说内在自我的反省，二是说对外在客观世界正确的了解，内外相合即是大觉之道的方法。

"古之欲明明德于天下者，先治其国。"

中国古代历史中的圣王，他们之所以建立理想的社会与国家，都是先使天下的老百姓自觉，以提升人民素质。注意："明明德于天下者"是使老百姓建立自我、能自觉、有尊严，这是中国政治的理想，也是中国教育的理想，使天下百姓能自觉、有尊严、有自尊，以此提高全民的素质。若要依程序达成这个理想，一定要先把自己国家人民的素质提高。

古人说"治"是"水平曰治"，即把水弄平了，没有洪水，就叫"治"。换言之，也就是能让全国老百姓没有不满的情绪。古人说"不平则怨"，若想没有不平，关键在于行政的超然与公平，要达成这结果，则要"先治其国"，就是得先懂得人性所需。

"欲治其国者，先齐其家。"

治国从哪里开始呢？先从家里开始——"先齐其家"，得先要懂得家里人的供给需要或情感所需。这个"齐"字，是使家人的步调一致、情感一致，有共同的认同，在这里就是建立"同理心"。比如做父母的能了解孩子的感情与感受，而不是一味责备或要求，否则就是上下不通情。如果做一个领袖上下不通情，则绝对不能了解社会人民的心，就容易把自己的意志强加在别人身上，就会有不平产生，所以要先"齐家"，先要能够在家中培养出"同理心"，懂得家里人的不同需要、不同感受，并做适当、正确的处理；或能尊重家人不同的需要与感受，使家中每一个个体，都能安心，这就叫"齐其家"。所以"齐家"是建立"同理心"，能体谅别人，是"亲民"之始。

"欲齐其家者，先修其身。"

而要达成"齐其家"，则先要有能力"修其身"，"修"就是调整，调整自己的身体行为，这是很重要的。例如：晚上十二点了，我头有点晕了，身体已很疲累，但我不想去睡觉，或说："我现在舍不得睡，现在好安静！正是读书的时候，我要撑下去。"结果长期下来，使得自己睡眠不足，身体受到伤害。因此这种"修其身"的能力，是能听从自己身体的指示，累了就去休息，饿了就去吃饭，该运动就去运动，就是听从身体的需要，做最正确、最有益身心发展的活动。要知道，人们很多疾病，就是不听从身体的需要而导致的结果。

"欲修其身者，先正其心。"

听从身体的需要：知道自己累了、饿了、冷了等，是懂得珍惜保重自己，而要达成这一点，当先"正其心"，即要有能力调整自己的"感觉"与"成长"。"正心"即要能协调平衡自己的感觉，"正"做动词，有端正的意思，即端正到自己有正确的感觉与认知。比如有的时候觉得自己好饿，其实并不饿，有的时候明明吃饱了，但觉得还没有吃饱，看到好吃的，又刺激了食欲，大吃一顿。当然，你们这种年龄容易有这种状况，因为正在长大，不妨试着调整自己的感觉使之正确，并做出正确的解释与正确的认知。

"欲正其心者，先诚其意。"

而要能"正其心"，便先要"诚其意"，"诚意"便是很真实地面对自己的需要；如自己现在很困了，或现在很害怕、很脆弱……但我们能很诚实地面对，面对这些内在深层的问题，并学习接受真实的自己，因为这样，人才有真正的力量与勇气。"诚意"简单地说，便是接纳、接受自己，不要逃避，就像许多人常常会问："老师，我的缺点是什么？请您告诉我。"固然，你们这个年龄，在做自我的调整，但是，从另外一个角度而言，你们害怕自己有缺点也无可厚非，因为当你们能够接受自己的时候，才真的有勇气，才真的有力量，才真的不会害怕，才真的开始建立自信。

"欲诚其意者，先致其知。"

"诚意"必须先"致其知"，也就是说，要能真正发展自己内省的力量，即自己先天认知的能力，也即我们刚才讲的，要有能力面对并客观地认识自己，以及自己所看到的事实。假如你看到自己的考试成绩只有五十分，不要害怕，不要说："是不是我看错了，明明是八十分，怎么会少了三十分呢？"同样也不要说："老师说不要害怕，好，那我现在不怕了，我绝对不怕了。"其实心里还是很害怕。而是能知道自己害怕，并且自己从来没有拿过这样的成绩，真难为情，待难过完了以后，喘口气，能仔细分析、探讨，看看问题出在哪里，不寻找任何不正确的借口，这就叫"致其知"，"致"是"达到"的意思，"其"是指"自己"。

客观看待真实、认知世界

"致知在格物。"

要"致其知"，就要先"格物"，也就是说，"致其知"最好是从什么地方训练起呢？其实，你们已经有很好的训练了。你们学物理、学化学、学生物，学各种科学知识，这些可帮助你们看世界的秩序，借着看世界秩序的训练，回过头来，用同样看世界的客观方式，来看自己，因为自己也是这个世界的一部分。当我们真的能够认识客观世界的真实状态，也就有能力面对事实，去认知自己与世界。

"物格而后知至，知至而后意诚，意诚而后心正，心正而后身修，身修而后家齐，家齐而后国治，国治而后天下平。"

"物格而后知至"，是说**等到我们能够客观真实地看待世界，自然能客观地面对自己**，当我们能够真正认识自己、接纳自己，我们就能很清楚地看到，我们的"心"在哪里，即内在真正的感觉。"知至而后意诚"，现在心理学上有句话——学习"倾听你内在的声音"，即真正知道自己的心，才能跟着感觉走，因为，通常那种内在的声音，是我们最深层的感觉，是我们最正确的指标，是指导我们走上成功之路的起点或动力。如此"心正而后身修"，有能力调整自己内在的感觉以求正确，自然有能力调整外在的行为活动。"身修而后家齐"，等到能够调整自己的行为，就自然会知道每个人的个别需要，自然能尊重每个人的需要或独特的需求，使全家能够共同满足在各自的需要上。"家齐而后国治"，如此，才能够以此经验"治国"。"国治而后天下平"，以治国的经验帮助全天下人民，走向自觉、自尊、自信的道路。

在今天这样一个开放的世界，我想我们更应该让全民自觉、自尊、自信才对。

从《大学》经文的最后一段：

"自天子以至于庶人，壹是皆以修身为本。其本乱而末治者，否矣。其所厚者薄，而其所薄者厚，未之有也！"

这也就是说，自觉、自尊、自信并不只是百姓的修持工作，这是要从天子直到平民，人人都要修养自身的品德——自觉、自尊、自信为根本。任何一个人，他要是在自觉、自尊、自信的根本自我修治功夫上乱了，失去了做人的基本品德，没有了自觉，如此希望自己未来的发展会圆满，这是不可能的。正如自身该重视、下大功夫的地方轻忽了；可以放松的地方却下了大功夫，希望这样的事成功也是不可能的，换句话说，如此颠倒错乱的功夫，而能获得最后圆满成就与完成，在人类历史上是从来没有发生过的（在人类历史上，我们看到少有慎始成终者，尤其在政治上更是功败垂成，原因就在于此）。所以自天子以至庶人，希望自身生命圆满成功——全然的自我实现，就都要以修身为自我建立的基础。

从人生的情意看中国文化——《中庸》

天命之谓性，率性之谓道，修道之谓教。

道也者，不可须臾离也；可离非道也。是故君子戒慎乎其所不睹，恐惧乎其所不闻。莫见乎隐，莫显乎微，故君子慎其独也。

喜怒哀乐之未发，谓之中；发而皆中节，谓之和；中也者，天下之大本也；和也者，天下之达道也。致中和，天地位焉，万物育焉。

——《中庸》

所谓"中庸"，就是用中之道。

用中之道，就是在日用之间，在日常生活的日用间，一切都能恰到好处之意。实际上，《中庸》这本书，强调在"行"，在日常生活中，如何达到恰到好处。当然，行是离不开知的，任何一个人行为的背后，

编者按：文中节录辛老师对《中庸》的阐释，期勉青年拥有和平、和谐的内心世界，了解"和谐与均衡"的生命大道。

都有一个观念，一份心意，在不知不觉中成为我们的指导。所以，《中庸》要从内在之知，讲到外在之行，以达到知行合一的地步。知、行的合一，也就是我们内、外的一致（内是指我们的心，外是指我们的行），这叫作用中之道，也就是"中庸"。

"天命之谓性，率性之谓道"，"中"，是恰到好处的意思；"庸"，用也。《中庸》从自然所赋予我们的个性开始讲起，它说，上天所赋予我们的，就是个性；根据这个个性而生活着的，就是生存之道；调整这份生存之道，使我们能达于中庸之境界，平衡我们自己，使我们和谐、内外一致，而且能让我们和谐地处于人世之中，这就是教育的开始。

今天我们教育最大的问题是什么？最大的问题在于认为只有在学校里有教育，只在某一阶段才需要教育。比如，我们从幼儿园开始接受教育，而后到大学毕业或取得硕士、博士学位；或者说，到二十五岁，或三十岁之前，我们都有可受教育的阶段，此外，就可不必受制式教育了，以至于很多人以为大学毕业后，就可不必再受教育。殊不知所谓的教育乃是整个人生的活动，是在调整我们内心的世界和外在的行为，使之趋于一致与和谐。不仅如此，整个国家、社会从政治、经济、法律，甚至于军事，都该是教育的活动。教育，就是要随时随地提醒我们，能够和人和谐相处，同时也能够跟自己和谐相处。事实上，这是一种广义的教育，也就是文化的活动。

中国的文化活动放在礼乐之中，是就教育的观点来处理人生的事务，也是一个最高的教育理论。

化解纷争要靠教育

教育是人一生的事情，甚至于是全国、全民族、全人类的事情。尽可能地减少人世间的冲突、摩擦，以至于消减国与国之间的战争，都要靠教育。比如中东战争、黎巴嫩战争，这种基督教和伊斯兰教、以色列和阿拉伯之间的仇恨，都是要靠教育的力量来化解，而不是靠武力、军事的威胁，这是我们中国人的观点。所以说："修道之谓教。"调整这种自然的生存之道，就是教育的开始，这是中国文化的重心，是中国文化精神之所在。

接下来，《中庸》告诉我们，什么是"道"。"道"的部分，是属于自然的部分，是上天赋予我们，而我们无法拒绝的。比如你为什么长成这个模样，为什么会有这种个性，为什么会与众不同。前几天，我在校园内遇到一个大四的学生，他走在林荫道上，突然回想起自己上高中时的情景，心里非常感动，突然又想起自己在高一曾爱上了一位外校的女孩子，书信往来了三年，因为高三功课重，书信也就少了，而后各自考上了不同的大学，到了大学，又结交新的女朋友。这四年来，他一直没回过高中学校，这次因看书展回来，忽然想起那段青春岁月；回家后，他看了看以前那个女孩子写给他的信，想从这些信中，重新认识当年的自己。在几天前，他碰到我时，提起这件事，他说他很高兴回顾自己，发现自己原来从小到大都有与众不同的个性。他很得意今天的自己，也没有为这个个性而后悔。他说，往后将继续发挥他的特性，使之更圆满，更有包容性；同时，使之更有独立性，更具自主性，这个"性"就是天生的。

几天前，我去图书馆看校内书展，碰巧遇见几位学生，要我为他们介绍书籍。我从语文类开始介绍，先沿着书架看一遍，然后从中挑出值得看、值得介绍的书，或是从中能看到整个世界、整个台湾地区，具有代表性的书。后来，走到了小说部分。我说，西方的小说一直围绕着一个问题，就是命运。在希腊时期，人们认为命运是由天神决定的；而到了莎士比亚，命运变成是由个性决定的。到十八、十九世纪间，社会学兴起，便说命运是社会决定的；到了十九世纪中叶，便说是由遗传决定的，个人没有力量去决定这些事情，因此，人注定是不幸的悲剧。

西方小说或文学，其精神之所在，在不同的故事里，都表现出这种命运观。而中国人也说，上天赋予我们某些东西，是我们无法违抗的，这些正是构成我们之所以是我们的因素。不过，中国人还有另一种看法，不像西方人那么悲观。

西方哲学上一个极重要的问题——人是被决定的，还是人有其自由意志？西方基本上都徘徊在这两点之间。有人坚决主张人是被决定的；也有人认为人有自由意志的可能。通常决定论者，较悲观；而自由意志论者，较乐观。可是，自由意志论者如何说明他们的论点呢？他们将之归于上帝。上帝是万能的，既然如此，上帝为什么允许蛇去引诱亚当和夏娃呢？因为上帝不愿人成为他的影子，所以派蛇来引诱他们，试探他们，结果一下子，他们就被赶出来了，借此机会，我们人类也得以反省上天所给予我们的天性。所以，基督教说，我们这一生的努力就是要回到上帝那里去。这种说法偏于宗教立场，所以今天的科学论者，认为这种说法不好，而到了今天，这仍是西方的大问题。现在仍有很多人强调放纵自己，提倡个人主义，基本上是希望能从决定论中挣脱出来，为人开辟出一个新的天地，包括存在主义哲学家克尔恺郭尔也是在这条路上，尼采亦是如此。尼采希望为人重开天地，即使没有上帝，人也有自我决定的机会和权力。那么，中国人是否也有这个问题呢？我想，这属于全人类的问题。

有些人到了高三便会开始问自己，我为什么要读书？我为谁读书？我读书的目的是什么？一连串的问题下来，便会问到，人生的目的是什么？基本上，这是人类共同的问题。我们看西方的翻译小说会很感动，同样地，西方人看翻译的《红楼梦》《水浒传》也一样会感动，为什么？因为人总有其相通的地方。命运的问题实乃全人类的问题，中国的神话故事里，也有提到命运的问题，它以故事的方式来呈现。在西方，这一问题趋向两个极端——被决定论和自由意志论，而中国则自有一套处理方式。

中国人认为，人有其被决定的部分，即"天命之谓性，率性之谓道"，这是人被决定的部分。而"修道之谓教"，便是自由意志的部分。

培养决定自己命运的能力

人借着自觉、认识，进到人自身的生命中，认识自己，了解自己的能力，再为自己选择一些事，为自己确定一些方向，知道什么是最适合自己去做的事，什么是自己确确实实想要的。如此一来，人便参与了自己的命运，至少我们为自己三分之一的命运而负责（或说命运可分为三部分：遗传、环境、自我教育）。像之前提到的那个大学生，回头看过去的自己，一点也不后悔、懊恼自己的个性，且欣喜自己有这样的个性；更令人开心的是，他有这种自觉的能力，以至于在目前的努力中，培养出将来决定自己命运的能力。

高三的学生，或许还有个苦恼，那便是填志愿的问题。是文学院还是法学院？理学院还是工学院？一方面是父母的期望，另一方面是自己的兴趣或虚荣。社会的潮流、时代的动向，还有现实社会等，把自己弄得很痛苦。潮流要你去念理工，父母要你去读医科，你的能力也足以去念理工、读医科，但是，你的兴趣在文学。这种认识，必须是真的认知，不能只因想到当个文学家会很了不起而去，而是要有即使将来饿倒了，回想自己一生，觉得自己一生因爱好文学而如此，亦了无遗憾才行。当然，人不只是为理想，一个不能实现的理想，不能称为理想，那只是一个梦幻、幻想。幻想之不同于理想，在于一个用"幻"，一个用"理"；幻者，不可捉摸也；理者，有条理可循之意。

人的理想一定要和现实结合，才能实现。现实包括：外在的各种条件和状况，以及个人内在的能力，如果没有这两样的配合，那只是野心，或者我们称之为"野望"，这种野望，就是幻想。年轻人难免有野望，有幻想，如何逐步将此野望、幻想，提升到理想的境界？许多人到了老年，回想年轻的时候，觉得当时"理想"那么大，实在滑稽，其实他们用错了字眼。

理想能成功，能实现，是因为它是依据主观的能力配合客观的条件所做的决定，同时配合个人的兴趣和性向。这种认识，就属于**"修道之谓教"**的部分，这就是"教"。

"道也者，不可须臾离也，可离非道也。" "道"是属于先天的部分，而这部分片刻也离不开我们，犹如我们不能离开空气，鱼不能离开水一般，这是我们生存的先决条件。这样先天的部分，正是对我们生活中的一种限制。面对这样的限制，我们应注意什么？我们要从哪里来认识自己？我们要怎样才认识得深切？我们得从君子戒慎、警惕自己看不到的地方开始。

"是故君子戒慎乎其所不睹，恐惧乎其所不闻。" 因为我们都有个性上的限制，也都有兴趣上的偏好，如此就得小心自己所不感兴趣的部分。以前，我的数学很不好，到了大学，把之前的数学课本，再拿来重读，仍旧读得糊里糊涂，一直到我教书，问了我当时班上一位数学极好的学生，他告诉我可以读哪些书，我也试着读他所介绍的书。为什么？因为我在戒慎乎自己所不知的地方。到今天，我仍订阅科学杂志，试着让自己去接触自己不太懂、不太能接受的东西。我们每个人都有自己能力所不及的地方，对于自己不擅长的部分也不要放弃，去试一下，但又不特别抱着期望获得什么才华和成就而为。像我，我并不希望能成为数学家，只想看看自己是否对数学真的一窍不通，结果发现我对文字很敏感，可是对数字、符号则不然，以后，凡是有数字、符号的部分，我都特别谨慎、小心。比如，若有朋友，要我代拟计划之类的事，我一定空下数字部分，请朋友代劳，因为我知道自己的短处所在。如果我读书遇到数字的部分，我一定复诵几遍，以免疏忽而弄错，这或可作为"是故君子戒慎乎其所不睹，恐惧乎其所不闻"的一例。

又像《庄子·养生主》庖丁解牛的故事，庖丁在梁惠王面前杀牛，就像在跳舞一样，在跳舞的节奏中，在音乐的旋律里，就把牛解剖了。梁惠王很惊讶，说："你怎么会这样的技术？"他说："我的技术已超乎技术，到了'道'的境界。"在他的解释，"道"乃是物我交融的地步；接下来，他说明了是如何做到物我合一的。他说，整只牛是由各个部分所组成的，他顺着牛的肌理、架构来解剖牛。也正因如此，那把刀已用了十九年，还跟刚磨过一般，他不必去砍它，连肉都不必碰到，沿着自然的空隙进去，自然解开。可是他又说，虽然自己已到了"道"的境界，但是每当杀一只牛，遇到复杂的部位，自己仍然如同刚出道的新手一般"戒慎恐惧"，一点也不敢掉以轻心。这"戒慎恐惧"就是在提醒我们，当我们面对事物、自我时，能随时保有一分敬意、一分慎重，因为人有其自然的限制，平常要尽可能地让自己的心开阔，试着去包容它、涵化它，尤其当我们面对某些事物，面对自身有所抉择的时候，要能谨慎。

心怀敬意，创造生活艺术

我们应随时怀有一份敬意，并在这份敬意中开创中国的艺术生活。

林语堂的《生活的艺术》讲的是中国的艺术生活，而他所介绍的中国人生活的艺术偏向于道家，在道家中又偏向竹林七贤的旷放。林语堂先生其实一点也不旷放，这也是他成功之所在。他一生有两大特点：一是，他的生活极规律，八点左右起床，一切弄定后，就被太太"押"送进书房，一上午就仅在读书、著作，中午才得出来吃午饭，下午也有一定的活动，晚上也一样，数十年如一日，这也就是为什么他能有这么多著作。二是，他非常仔细、节省，其程度也实非常人所能及。在这种个性下，他如何来平衡自己呢？他在著作中，大力赞扬竹林七贤的旷放；像他写《苏东坡传》，把苏东坡写得很潇洒，可是他对于儒家，对于正面要求责任、纪律的人，大肆抨击，尤其把王安石骂得狗血淋头。我们勉强将其视为"反面教育"，这或许便是"君子戒慎乎其所不睹，恐惧乎其所不闻"的另一种解释吧！有时候，人会因为个性上的某种限制，而使自己向往另一种生活，其实那种生活，不一定是我们所能过的。像我自己，有时讲孔孟，讲得让自己都感动起来，好像自己便是孔孟的门徒，可是仔细想想，自己其实比较偏向道家，尤其喜欢庄子。因此，在这样的状况中，有些来自先天的限制，我们将如何地"戒慎乎其所不睹，恐惧乎其所不闻"？我们怎样在这一生中，戒慎警惕？事实上，讲"警惕"似乎过于严重，应该是——如何随时在生活中，怀有一分敬意，也因为对生活的敬意，开创出中国人特有的生活之艺术。

所谓生活之艺术，便是文人雅士的雅趣。像有些人喝茶时好用宜兴茶壶，原因是宜兴茶壶是世界上最适合泡茶的茶壶，它的泥质既坚硬又松脆，可以透气、散热，而且传热又很快，使泡出的茶充分释放出茶的味道。从喝茶到养兰，从衣食到住行，中国人都怀有一份敬意，而这份敬意，不是来自理智的提醒，而是情感的表露。西方人说："人是理性的动物。"我们中国人不这么说，我们说："人是感情的动物。"或许，用"感情"两字，容易弄错，我们可以改为"情意"，"人是有情意的动物"，所以，佛家讲人世间是个有情的世界，即使是坚持理智的背后，仍然有一份情意。中国人之所以在生活中常怀一份敬意，便是要在生活中调和情感和理智，使两者不致冲突，这使得中国人在文学上、在诗歌上、在戏剧上，有完全不同的表现。

西方人从命运的问题中，产生许多冲突：从自然的冲突中，从和天神的冲突中（可参看希腊《荷马史诗》），到和自己的冲突（像莎士比亚的悲剧，皆是自己和自己的冲突），直到十九世纪，法国自然主义的兴起——人与社会的冲突一直到今天。新文化运动开启后，我们的新文学从鲁迅开始，强调用西方小说的形式来描写我们和社会、我们和自身的冲突。一直到今天，我们始终围绕在这样的冲突当中，可是这毕竟不是中国人原有的。

而中国人以前认为人是会冲突的，不过在这冲突中，人有办法去协调它。这个冲突不过是个过程而已，经过这个过程，人可以协调到和平的地步，能使自己的内心和行动趋于一致；人可以使自己知和行一致，其最高的理想是能使整个世界和平，因此，往往戏剧到最后大都以大团圆为结局。我们看多了这种结局，难免会抱怨："又是大团圆！"但在人生中你是希望大团圆，还是想要大家都有不幸遭遇的悲剧呢？

今天人类的文思和才华，更受到二十世纪以来商业主义、唯物主义等的影响，造成我们现在的人没法看见人类真实的社会和人生，以至于我们的电视、电影没有什么题材，只好制造出一堆冲突，所以电视剧夸大我们的情绪，好像每个人都是疯子；每个人的个性，都塑造得非常奇特，一切非这样扭着干才是有个性，于是人际冲突发生了，戏也就出来了。有剧作家透过戏剧更进一步地说："人本身就是虚假的，就是多面的，人无真实的心情可言，如此产生剧力万钧的冲突，而这东西都是西方的，非中国的。"

物我感通，开展生活情趣

中国人认为，人是可以和谐的，而这份和谐要通过生活的提醒及内心的敬意。这种提醒不是义务的也不是理智的，因为如此一来，身上反而好像背负着重担，会令人崩溃。那么，人要从哪里开始着手呢？

从艺术的生活、情趣的生活开始，因此，中国人从衣食住行全面开展出一个世所罕有的生活情趣。

像我们喜爱玉器、瓷器，为什么我们要把瓷器烧成那样？因为我们要"化土为玉"。西方人喜爱钻石、宝石，何以中国人喜爱玉？不仅如此，玩玉玩到一定阶段，尤其喜欢老玉，也就是曾入过土的古玉，那些玉因接触到土中各种矿物质，而形成五彩斑斓的色泽。我们常听人说，玉有"灵性"，玉会保护人，如果我们跌倒，玉会自行断裂、碎掉以保护我们，这不是含有一份情意吗？这就是将中国所言之"仁爱"借玉表达出来；其次，玉要"盘"，也就是要经常把玩，把玩越久，玉就会越晶莹剔透，而且颜色还会发生变化，中国人在这之中，获得了一份物我的感通。当然，更重要的是，中国人认为，玉有九种美德，它温润、厚重、有情意……总而言之，就是"仁德"两字。中国人之佩玉，就是要提醒自己，所作所为当如一块玉。至于宜兴茶壶，则必须会养，越养越有温润的光泽，好像你加一分心力在这上面，它就表现出一分的光泽给你，仿佛在人、壶之中，也有一份情意的感通，这种表现不正像知己间的感应吗？中国人喜欢这些，因这里面含藏一份情味深长的雅趣，以提醒我们对任何事物，当带有一份敬意，这不是理智的、责任的提醒，而是来自情味的培养。

所以，"戒慎乎其所不睹，恐惧乎其所不闻"，只是要提醒我们，我们会有自身的限制，会有自身看不到的一面，因此，我们在生活中随时随地带有一份敬意，若随时有敬意，则随时有自己的真实觉醒。

"莫见乎隐，莫显乎微。"《中庸》告诉我们，没有比这种隐藏于内心的东西，更容易彰显出来的，所以它说："莫见乎隐。"没有比这种细微的、不易察觉的，更能明白地表露出来，因为越是藏得深，越是细微处，别人越是无法得知，自己却能清楚地注意到，因为那是我们最真实的自己。所以，一个君子在这样的前提中，要慎重地面对自身。

我们可以把人生分成和他人相处之时、和自己独处之时两种情况。你们在外面，个个表现得如彬彬君子，可是一回到家呢？妈妈叫你吃饭，你回一句："烦！我正在慎其独也！"是不是如此？因此要很慎重地面对自己，因为真正的自己隐藏在内心最细微的地方，最容易在我们独处时呈现出来。这是"莫见乎隐，莫显乎微"的第一层解释。

第二层，我们要面对自己隐藏在最细微处的种种情意。像有人问我，为什么还要待在建中国学社？我回答，这是责任，这是使命。说得冠冕堂皇，但在最细微的深处，是什么支持我来承担这份责任、这项使命的？在身体这般不好的状况下，为什么？我们看到很多人宁可牺牲自己的生命，也要完成自己的工作。我说过，我最喜欢看学生考试，尤其是考数学；我不曾享受过学习数学的快乐，但我晓得学数学的快乐。每个人的内心都有着一种和谐，那是"天命之谓性"的部分；因为唯有从和谐和均衡中，生命才有发展的可能，这是深藏在每一个人的心中，深藏在我们生命最根源的地方，所以人类能发现各事物的秩序，能找到和谐。我们看呈现于人类的一切，从艺术到文学，从知识到科学，哪一样不是含藏着一份秩序？而在这秩序中，哪一样不是呈现出和谐的架构呢？从外表看，那是创作者的才华；从内心看，那是全人类在每个人个性中共有的天性，经过自己的发掘，再配合那藏在最细微处的和谐，因此音乐家将之谱成旋律，数学家进入数学的殿堂，以追求那份秩序与和谐。你们学数学的时候，有没有去发现它的结构？你们学生物的时候，有没有试着去了解生物的秩序？在这个世界上，除了战争之外，还有什么是没有秩序的？面对这样的状况、这样的使命，我愿意承担这一份责任和使命。

　　有些高中同学是颇有哲学性、思考性的，也因而有些孤独。以致上了大学后，看到这么多人不顾一切地冲向前去，加入一些团体，去与各种问题做殊死搏斗时，你们会怀疑自身到底是对还是错，怀疑自身人格的成长到底是健康还是不健康，于是有很多人放弃原来的自己，而投身于那样的世界。当然，"戒慎乎其所不睹，恐惧乎其所不闻"，做这种试探也是必要的，或许在这种试探中，你能更了解自己，将来帮助你决定自己所要的东西，不然你心不安。一如有时看人家叫喊，自己也想试试，待叫喊一阵之后，发现自己并不喜欢叫喊，而是喜欢唱歌，以后有人要你叫喊，你说不要，我要唱歌，参加合唱团。可是，外面的世界实在太大，尤其是像这样具有哲学性、思考性、孤独性的人，在整个人世间实在很少。我不是要你们骄傲，而是要提醒并让你们能认识真实的自己。当然，并不是全部的同学都如此，但大多数的同学，都有如此的特性。到了大学，很多坚持自己的同学，在了解自己以后，知道培养自己的长处和弥补短处，而不是扭曲它，甚或连根拔除它。

发展个人独特的个性

　　你们要了解，自己有和一般大众相同的地方，也有和一般大众不同的地方，你们有独特的个性。你将来怎样发展它，或者怎样让它更宽厚起来，将来如何培养自己，如何进行自我教育？你们更要面对自己内心深处最细微的那份情意——那份真正成为你们个性的喜好，以及察觉自己喜怒哀乐的动向。

"故君子慎其独也。"再接下去，就是面对我们整个内心世界。有的时候，我们的内心世界是颇复杂的，在高中时代，你们仍在格物致知，也在求知识；然后学习反省。我反对你们现在便看存在主义的书，基本上是不希望你们一下子就陷入其中去面对自己内心的种种问题。我也不赞成你们读弗洛伊德的心理学，因为恐怕你们还没有能力承担这些东西。当然，有些人例外，我现在只希望你们先从面对自己开始。

例如："考坏了，我很难过。"从这点你要了解，你渴望考好，那么这次考坏了，是否曾付出一点努力呢？"没有付出努力在功课上，结果考坏了。"既然如此，还难过什么？为了孝顺父母，你决定做个医生，可是自己的才能实在不在这里，拼了命只能考上牙医，那么你该不该难过？不用难过！你拼了命考上已经不错了，因为你以你最差那一面向的才能，能有如此表现，已经不错了。那么除了牙医之外，你怎么开辟出生命的另一条道路？多少人其职业在此，事业在彼？爱因斯坦不正是如此？他专科毕业以后，在银行做出纳员，闲暇时，就在算他的数学，结果他发现数学也能证明些东西，就把他的心得提了出来，竟把世人吓了一跳。或许你的长处在文学，当你的病人，张开嘴巴，你拿着钻子钻着他的牙，他做出种种痛苦的挣扎，从此处可观察到人性，可作为小说的题材，这样一直写下去，说不定你就成了文学家。人生的道路如此宽广，你又何必难过？基督教也说，当上帝关起了一扇门，同时也为你开了一扇窗。重要的是，你知不知道窗子在哪里？我们要培养这样的认识能力，这就叫"慎其独也"。

高中阶段就是要面对自己；等到了大三、大四，才开始面对自己内心最细微处的情意。等你们再大些，人事变得复杂了，你们便会开始看到从未看过的自己。

到了高中，人人以圣贤自居，因为环境单纯，你们好像也做到了圣贤的地步；当你们跨入社会，发现美女如云，看得眼花缭乱，你们突然觉得自己怎么那么好色？怎么每个美女我都爱？在座的也有女孩子，或许你们原来的爱情观认为，我只爱他一个，可是，你们到现在又发现：我可以爱两个！或说，虽然我已接受他的情意，但我看到另一人的时候，觉得他也不错啊！就像你们学长的女朋友对我说，她也很欣赏我的另一个学生，只可惜她已先认识了现在这位。等到人事繁杂了，你们会发现自己的另一种面貌。

又或许你们在高中，会觉得天下没有什么人才，可是到了大学，可能会遇到从未遇到过的高手，这时候，你们突然紧张起来了，因为你们感觉到自己的生存优势受到威胁了。有时你们会发现，自己拼命读课内的东西，只懂得书上的内容，而这位同学呢？除此之外还懂得别的东西，他跟你们谈哲学，你们却哑口无言，这才发现，自己是如此脆弱，于是你们开始懊丧、忌妒，甚至愤怒，这是在大学的阶段，到了社会，你们长得更大了，想要的东西更多了。小的时候会担心点什么，所以有的事情不会去做；等到长大了，你们觉得可去尝试各种好奇的事物，于是你们的另一种面貌又会出现。这时，突然觉得自己怎么变成这样？以前的我哪里去了？啊！我被社会污染了！其实根本没被污染，那也是你自己啊！只是你们以前没有发现而已。

在这之中，你们要怎样把自己扶持起来？有时你们会跌得粉身碎骨，又该怎么站起来？有多少人在跌倒后，说一句："算了！我就是这样，既然天下乌鸦一般黑，原来我也是这样，好吧！混吧！"混到后来一事无成；有的则不甘愿，想到自己当年的辉煌，不免心中惆怅。

我有一次遇到一个建中毕业的社会人士，在开出租车。他载我到校门口，问我是不是建中的老师，我说："是。"他说："说来惭愧，我也是建中毕业的。"我问他读什么大学，他说："说来更惭愧，我是台大法律系毕业的。"他又说："人生不就是这样吗？当年在建中，想得天高地远，现在开开出租车，养个老婆、孩子，也就只有这样了，不过呢，惭愧惭愧，说来惭愧……"一路叹气。

我收到一大堆我的学生寄来的贺年卡，好些都已在社会做事，都说没有脸面来看我，因他们觉得自身没有再长进。其实不必如此，为什么？因为我是过来人啊！而我们怎么从这之中站起来？我曾经说过，名利并不是我们最重要的目的，最重要的是——当我们回顾自己这一生时，我们是否在不断地向前。我们跌倒了，可以不断地站起，而后回顾我们这一生时可以说：我真的是活过了，至于名和利，不过是在我的奋斗之间，可有可无而自然产生的东西。故"君子慎其独"也。

第三个，是面对我们自己真正的内心世界，这里包含着我们内心世界的情和意、善和恶，我们怎样去调整？不过这得等到你们长大一点，有了一些基础才能明白。

中国人是有情意的动物

大学毕业后，可以看一下有关弗洛伊德这一学派的心理分析。从这里开始认识到，人从这样一个普普通通的自己，慢慢地一步一步往前迈步，让自己逐渐和谐、光明起来。人不是没有罪恶感，没有弱点，而是在种种阴影下，光亮起来；人不是没有错误，而是一天天减少错误，享受和谐所带来的快乐。这是所有宗教共同追求的理想——**一个和平的，乃至于和谐的内心世界；外在的则是有着变化，又不失其秩序的快乐生活**，像我所说的："中国人是有情意的动物。"这并不是胡乱讲的，我不过是用现代的词汇加以转述而已。

为什么我们强调情意？为什么我们说情意是构成人的一个特质呢？因为《中庸》经文中讲："**喜怒哀乐之未发，谓之中。**"

我们前面说的"隐""微""慎独""戒慎其所不睹……""天命之谓性……"等，皆是就"喜、怒、哀、乐"而说。人之所以为人，之所以异于动物，就是因为人有喜怒哀乐。动物顶多有喜怒，牛、猪在被杀前，可能有点哀，但那也仅是一瞬间的事。喜怒比较浅，在外；哀乐比较深，在内；其实，不过以此四者"喜、怒、哀、乐"，作为人生情意的总体表达。"天命之谓性"的部分，是人人都无法抗拒的，在我们的天性中，就有"喜、怒、哀、乐"之性，《中庸》经文在"天命之谓性"中，所指的也是以"喜、怒、哀、乐"为此"性"的代表。

何以我们有喜、怒、哀、乐？因为我们有感觉，在生理学、心理学上讲，有刺激与反应，何以有刺激与反应？正因为我们有感觉，会觉得舒服或不舒服，引发舒服的感觉，就会喜悦；不舒服，就会发怒；进而进入哀、乐的世界里。"喜、怒、哀、乐"先天就具备在人的本身，所以它在未发之前，叫作中。什么叫作"中"？就是含藏于中的意思，所以，另一个解释："中者，性也。"也就是说，"中"是我们的天性。人之所以为人，不同于其他动物，乃是因为人有喜、怒、哀、乐，这种感觉不仅是感官的、官能的，而且是从感官、官能进入心灵的觉悟。换句话说，人不仅有感觉，而且还有意识到感觉的精神活动，《中庸》就用喜、怒、哀、乐来代表，而这四个字，当其未发作前，藏于心中，所以我们称之为"中",也就是天性,是我们的生存之道,我们也依附着这样的天性活着。

"发而皆中节,谓之和",喜、怒、哀、乐的天性本藏于心中,《中庸》称此为"中",然后被外物引发了,但引发了不一定正确,有的时候我们会喜得过头,有的时候则会怒得过头,有的时候会哀得过头、乐得过分,甚至于有的人不喜、不怒、不哀、不乐,心如死灰,或麻木刻薄,这都是不正确的表达,若我们能使之恰到好处就叫"中节",能中节的话,就叫作"和"。我们说过,《中庸》这篇文章是用"跌宕起伏"法,因为它要用短短一百多个字,把人生最深刻的哲理展现出来,只好用跌宕起伏的笔调,一个结论、一个结论、一个高峰、一个高峰地展现出来。在高峰与高峰间,展现出一个完整的宇宙,就像中国的绘画,尺幅千里,小小的一尺画,却把整个宇宙的天机呈现出来,中国人好画山水,道理就在这儿。因为在画里,含藏着宇宙和人之间的天机和生趣,这是一个完整的宇宙,所以,基本上中国的绘画含有极深刻的哲学意义,这哲学意义则具体呈现在《中庸》经文最后这几句话中。

"中也者,天下之大本也;和也者,天下之达道也。致中和,天地位焉,万物育焉。""中"既指性,也指人之情。"和"是性情之和,既具自然性又具人文性,"天人合一"也就是自然与人文的合一。这一切是含藏于万物中的天性,是这宇宙与人生所构成的根本要素,而均衡与和谐则是宇宙与人生之所以能存在的根本法则。如此,人类若能尊重此宇宙万物之生存要素,且致力于维持宇宙与人生的和谐与均衡,天地必各安其位,四时必各有其序,人类生存的环境,必不被人类所破坏、污染。到那时,不仅人类可以生生不息,提供人类生生不息的大自然也能生生不息下去。质言之,《中庸》经文将自然与人生透过"中和"之道结合为一体——使人生中见自然的部分，自然中亦有人生的部分，二者合而为一。而这个关键处就在人之情，人对自身情感的调节力。

中国人自古了解，"和谐与均衡"乃是宇宙、自然以至生命发展的唯一大道，因而整个中国圣贤的教训莫不以此为宗旨，同时也寄望后世子孙不可忘记此生命之大法，且当努力贡献自己的智慧，促进此大道、大法的畅通，而这也就成了数千年来中华民族的使命。面对今天动乱的世界和被污染的自然环境与社会，此宗旨是否值得当今的中国人及全人类深深反省和思考呢？

两千三百年前的情商理论——《中庸》

当你来到美国首都华盛顿时，只要略加注意，就会发现它与全世界的首都相比的特殊之处，我们先谈谈我的欧美观察，再来谈《中庸》。

北京几乎是世界最古老的都市之一——三千多年，北京成为邦国的首都已有三千多年。

今天去北京，看到北京的建设很气派，很有国际都市的气息，但绝对看不出它已有上千年的历史。我们去巴黎，却一看就知道它已经有数百年，走在巴黎的大街小巷，会感觉到历史的光辉，可是我们走在北京城，会觉得它像是一个全新的都市。这不是说一定要保留旧的，重要的是，当我们去巴黎，从他们的都市景观中发觉，现代法国人，何以会以艺术的创造和文化的关怀作为他们的立国情怀、立国情思。再到英国去看伦敦，伦敦都市景观乱一点，没有巴黎规整，法国是旧

编者按：辛老师提出《中庸》乃用衷、用情之道，更是一种爱的方法。而人的情感亦是生命的中心，为经典珍贵的寓意。

区全部保留，新都会则在另一区，不过英国比较新旧杂陈，虽有点乱，但仍可以感受到他们强调的是理性，这理性来自他们的历史，若到了剑桥或牛津，人们甚至会不舍离去，因为那种校园之美，似乎可以把知识的芬芳透过建筑物传递出来。

在华盛顿，你会看到，美国最辉煌的建筑跟欧洲不同。欧洲最辉煌的建筑是教堂，是皇宫，而在美国最辉煌的建筑是图书馆，任何地区最漂亮的都是图书馆，所以，我们常看到他们的国会图书馆的图像。在华盛顿从国会图书馆有一条笔直的大道直通出来，通到他们的开国领袖纪念馆。不过，其中有两位并非开国领袖，这个纪念馆中有杰弗逊、富兰克林……还包括林肯，甚至肯尼迪。在事务性工作上，肯尼迪不是一位能干的总统，但是阅读肯尼迪的言论集，会发现他的文章中充满了对现代美国的理想。此外，大马路的两旁都是大博物馆，有美国历史博物馆、自然科学博物馆，在美国，博物馆多半是免费的，参观一个博物馆大约要两个星期。

作为政治中心的白宫在哪里？在这大马路旁边的一个较小的路上，不甚起眼。这强调什么？就是"知识"。美国人重视知识，一般说来，他们建立一个新社区，大约二十五户人家就得设置一个图书馆，他们服膺英国大哲学家培根所说的"知识就是力量"，甚至是苏格拉底说的"知识就是智慧"。斯皮尔伯格的电影《拯救大兵瑞恩》，在情节铺陈的过程中，一方面是人类对生命价值的探索，另一方面也是一个探索生命的旅程。结尾负责救援的上尉，告诉被救援的瑞恩："你必须活下去。"以此肯定生命的价值，其实，救援过程也展现了上尉对智慧的运用，电影中展现的不是英雄，而是"智者"——解决难题的智者，赋予事物新意义的智者。看了这部电影，觉得美国人较往日成熟，对生命似乎开始反省，并且也透闪着知识、理性的重要性。

人一旦能反省，重视人的知性，发挥人的理性，就能重启自身的命运，并使人从只是服从生物的本能、遵守自然规律的角色，转变为主动的创造者和规划者，而这才能有真正的成就。

调整情感的能力

世界上许多有成就者，其智商不完全一致，但大多情商都非常高。情商就是自我调整情绪的能力，并把知性、理性发挥到最高层次的能力。人类两千三百年前的情商理论，大约以《中庸》最具代表性。

在西方古典哲学中，最主要谈的是宇宙的问题、知识的问题，很少谈"人"，特别是具体的"人"的问题。他们甚至认为，人的感情是非理性的部分，是人痛苦、混乱的根源，但《中庸》则透过人的自我认识，来说明情感的调理，并以此作为生命和宇宙秩序的依据。

如苏格拉底被西方公认为哲学之父，他谈到爱，其中重要的是对知识的爱，也因为他认为人的生命最重要的表现，在于对知识的追求，所以才会有"philosophy"（哲学）这个词出来。哲学是由两个单词合起来的，即"philos"做动词就是爱，"sophia"就是智或知，可以作知识和智慧解。苏格拉底把人提升到对知识的热爱追求中，也就是要强化人的理性，或者谈人的理智。苏格拉底时期的希腊人，认为人的情感是非理性的，既是非理性的就是混乱的，既是混乱的就有危机，从苏格拉底及亚里士多德的作品中，我们都可以看到他们把人的情感排除了，亚里士多德认为，人是"理性的动物"，要人用理性面对世界。

西方人认为——理智和感情基本上是对立的，这后来也构成了西方文学上像莎士比亚戏剧中悲剧的最大冲突——自我、理性、情感的对立，然后产生冲突后的结果。从这个角度去读莎翁的悲剧，很容易抓到莎士比亚戏剧的重要核心。至于基督教的爱是指上帝的爱，不是人的爱，人的爱也同样是危险的。

在所有古老的文化中，很少有人肯定情感是生命发展的中心，也没人提出人可以将情感提升为高度理性。所以，《中庸》大概是人类在两千三百年前唯一的一篇，清楚直接地说明**感情是生命的中心，同时是一切生命发展的动力**，并且认为感情与理智是一体的，而不是对立的。不但如此，《中庸》还提出，当我们有能力调整我们的感情时，就是世界新希望的开始，同时也是人类文化的开始。

曾有这样一则社会惨案：一个男孩子杀了他的父母，只因他父母以往太溺爱他，甚至在他十八岁时就买了上百万的名牌跑车作为生日礼物，后来因父母看他太过挥霍，不想再给他太多的金钱，这让他觉得自己不能再在朋友中做老大，于是他开始计划杀掉他的父母。

我搭出租车时，出租车司机发现我是老师，就跟我谈起这个新闻。他说："现在的孩子，到底在想什么？我们做父母的现在都好害怕……"一路上他跟我谈这件惨案，问我对这件事有什么看法。我说这孩子的表现当然可怕，他应该要负法律的责任，但是他的父母其实是造成这个悲剧的根本原因。

一般来说，人基本上是一个生物、一个动物，而人不同于动物的是，随着本能的发展，人的自我意识也会随着发展。在自我意识的平衡下，本能的发展会受到社会性规则的节制，这就如弗洛伊德所说的，人有本能的我，而当"本我"受阻，逐渐发展"自我"（ego），当有了自我以后，就能在人的本能冲动与超我（理想的我）之间寻求协调与平衡。这即是说，人一生出来，基本上是一个动物，而动物是依照本能存活的，这个依本能存活的原则，又称为快乐原则。

所谓快乐原则，是建立在本能欲望的满足下。一岁以下的小孩子，看什么就拿什么，这不能说是自私的行为。此外，他饿了就哭，吃饱了就快乐，不过有时，他拿了不能吃的东西，往嘴里送，大人不准，他就会哭，这是因为他的快乐被打断了。当快乐原则受阻时，也就是他学习自我控制的时候，而在本我逐渐收敛的过程中，就自然发展出所谓的"自我"，这是与外在世界相分别的一种意识。而"不能拿这个""不能拿那个"强化了自我与外在世界的分别，自我的意识是在这种强化中建立的。在自我的意识逐渐形成之后，才会有人与我之间的分别观、分别意识。在这种情况下，人才开始去认识自己所生存的环境。所以，以往认为一定要管教孩子，不能溺爱，就是因为，任何一个被溺爱的孩子，他多半只停留在一种快乐原则的本能满足上，而自我的建构不完整、不强，如此控制自己本能冲动的能力也不强。这样的情况下，他近乎是个动物。

我想，这对被孩子谋杀的父母，他们可能非常放纵且溺爱这个孩子，如此一直到十多岁，所以这个孩子实际上还没有真正发展成为一个人，他始终停留在动物本能的满足要求上：他的分辨力非常弱，自我与世界的分别力也非常弱。此外，他的父母一定相当忙，根本没有时间陪他，只能给他金钱上的满足，让他以为这就是爱。他并未意识到父母和他之间会有真正的爱存在，而误认为只有金钱的存在。也很可能这个孩子从小并不是被父母带大的，所以他对父母没有相互依存的亲情。在这种情况下，父母只是生存资源的提供者，一旦切断了这个资源，他自然就像一头野兽，为了自我的生存而挣扎，进而就会想要灭除阻挡他生存的障碍。基本上，这个悲剧的根源，很可能是来自他的父母对待他的方式。当然，这问题还可以再深入他的父母何以丧失了正确对待孩子的能力。或许可以说，他们之所以丧失正确对待孩子的能力，很可能是因为他们对"爱"失去了正确的理解，以为金钱可以替换爱。

"爱人"是需要学习的

如果确实是这样，我们可以看到，当人不懂得什么是"爱"的时候，当人不能处理有关"爱"的问题时，容易陷入混乱的状态。但人天生就有爱，就需要爱，只是人不是天生就会爱，即知道爱人的方法。

爱是出于本能，"会爱"是一种能力，是出于教育或学习。所以，这个事件充分透露出在我们的教育中，从家庭教育到社会教育，没有提供对爱的学习及理解的机会。什么是"会爱"呢？很重要的一点是"爱得适当"。什么是"爱得适当"？基本上就是让被爱的人，因爱而成长得更好，就像种花，可以让花开得更美；种树，可以让树长得更好，质言之，因爱而让被爱者滋长，这即是"爱得适当"。"仁者爱人"，怎么个爱法？即"己所不欲，勿施于人"。

为什么不说"己之所欲，施之于人"？因为爱本身很重要的一点，也是孔子在《论语》里特别提出的，爱的对象是"人"，不是动物、不是物。人有自身的需要，有自身生命的发展状况。在这里基本上孔子首先提出人不同于动物，尤其是每一个人都是一个个体、特殊的个体，我们对于每一个不同人的爱，是不能从一般性上讲的，但人常用一种单一方式的爱来表达爱，比如人在恋爱的时候，常是强大的生物本能在推动。那种生命冲动所带出来的，渴望和自己所爱的人亲密结合而展现出来的，常是占有性的冲动。如果人没有自我的提升，以高度清醒的意识去省视，说不定会把所爱的人吓跑。因为人很容易在此时全天紧盯着爱人，每天都去关注他在不在，一刻都不能离开，或因为爱，醋意很大、忌妒心很强。而"己所不欲，勿施于人"这句话，其实指的是"爱"的真正开始阶段。比如，我知道自己有不喜欢的事，没办法承受一些东西，推而及之，你也可能会有，因为你也是人，跟我是同类的。如此之下，我就要先问问你：你有什么东西不喜欢？至少我知道我有不要的，所以我不要把我不喜欢的推给你，我要先问你，你要什么。

在这当中，所谓真正的爱，就是从尊重别人、体贴别人的需要开始，所以提出"己所不欲，勿施于人"。这点如何能得知呢？在《论语》中，孔子的学生曾子以"忠"和"恕"来解释孔子的话。他先问什么是忠？忠就是"尽己"，就是从自身的体验、自身的经历先认识自己，哪些东西是自己不喜欢的，哪些东西是自己喜欢、渴望的，你要能够很清楚地认识自己，如此再"推己"去了解别人，自然能够在强烈冲动的热情下，保持某种适当的距离，即是对爱人的尊重。换句话说，适当的爱，需从适当的尊重中开始，所以，适当的爱不是黏在一起，而是在适当的距离中相互尊重，双方才能够共同相伴成长。

《中庸》传说出于子思，根据整个《中庸》的经文，其大约的成书年代，应是在秦强盛之时，甚至很可能是在秦统一天下之后。因为它最后有"车同轨、行同伦"，且有西边的地名，孔子是山东人，他最远只到过今天的河南附近，而《中庸》讲的是陕西、山西的附近。所以，《中庸》成书在后，不会是孔子、子思时期，但其思想或是子思学派的。孔子死后，儒家分八派，子思是其中的一派，子思这一派，重视人的情感。从《中庸》里我们可以清楚地看到，其偏重于情感的讨论。到了宋代，朱子在做考据的时候，因为没有充分的证据证明不是子思所写的，所以他说根据传说、尊重传统，仍然推论是子思所作。《中庸》中所谈到的情感问题，比孔子那个时代进了一步，它认为人的情感基本上是生命的中心。这不只是比孔子进了一步，在全世界也是少有的。

在世界古典哲学或宗教当中，几乎没有如《中庸》所言说情感是生命的中心，因为大多数宗教与哲学都认为情感是一种非理性且具有危险性的东西。而《中庸》甚至认为人的情意为宇宙的中心。这是《中庸》的特色。

在这里，我们可能会问什么是中庸？"庸者，用也"，指日常生活之所用；或问为什么不直接用这个"用"字而用"庸"字呢？因为是强调日常生活所用。那什么是"中"呢？古来都说不偏不倚谓之"中"，这其实是宋儒程颐所说的。但是怎么样才是"不偏不倚"呢？宋儒在讲这个问题的时候，"不偏不倚"的说法之前已有一个前提，这个前提已设在"四书五经"之中了。古人一定都读过"四书五经"，读过"四书五经"以后，就知道"不偏不倚"是放在什么地方了，即在孔子所说的"仁"字上。此外，"中"还有另一个意思，"中"通"衷"，"衷"是心之中，心之中的什么？情也，所以，中庸者，情之用也。我们也可以说："**中庸者，用衷之道也，及用情之道也。**"即是用情之道用到不偏不倚，也是在日常生活之间，我们的情感都能恰到好处。换句话说，能如此者，即能自我调节者，所以，中庸，情之用也；情之用者，用情之道也。我们如何证明这说法正确？《中庸》经文中有"喜怒哀乐之未发谓之中"，这"喜怒哀乐"即是说"情"。

靠自觉摆脱命运的支配

《中庸》一开头讲"天命之谓性"，"天"指的是"自然"，中国人讲的"天"多是指自然。"天"，一个"大"字，上面加一横就是天。"大"的本义是什么？

《说文解字》中"大"的字形，是人伸展手脚站开来，而《说文解字》中有很多从"人"旁的字。"人"是跟中国人关系最深的字；此外，"牛"字旁的字也很多的。这是因为，中国人是用牛耕作的农业社会。我们可从中国文字结构中看到中国人的心理意识、价值观。从"人"字旁的多少可知，中国人肯定"人"。"大"，就是人张开，也就是天地中心以人为大，如此，"大"的上面加一笔就是"天"，所以，天者，颠也，指人头顶上的那个东西，以之为天。所以，这个"天"基本上不是指神，而是指自然。

"命"是什么？命者，令也。"命""令"，基本是同义，但是"命"与"令"又不同，"命"是赋予而不可违抗者，也可说是不可违离的赋予，此之为命；"令"是可以违离的。

"天命之谓性"，就是上天所自然赋予的，我们无可违抗，而这种"天生"即是性。"天命"是一个总称。"之谓"不解作"称谓"而作"就是"解，全句即解作：上天赋予的就是性（天性）。

"率性之谓道"，"率"是遵循的意思。我们无可违抗，必须遵循这种天性——天命之性，就是人生、生命发展的必然的道路、法则，是无可违离的。如人的成长是无可违离的，生物不能离开空气而活，这都是先天性的命定，人无可违抗或违离。这里延伸出的问题是：人有没有自由的可能？人的命运有没有自己可以创造的部分？这里包含着人类命运，以及人类自由意志的问题；同时，人类是否参与自身命运的创造？这三个问题隐藏在这两句话的底下，也是人类共有的问题。

西方的悲剧就是建立在"天命之谓性，率性之谓道"，这无可违离之处。在古希腊的神话中，宇宙就是一个最大的规律，即使神都没有办法解决，所以，古希腊神话中的很多英雄非死不可，甚至于神都没有办法挽救。《荷马史诗》中有一个伟大的英雄，他出生的时候就注定会战死，于是众神解救他，他妈妈把他浸进不死之河以保护他，却忘记他的脚跟并没有浸到不死之水，后来敌人射中他的脚跟，他仍摆脱不了命运的支配。命运是一个大的自然规律，人类无可违抗。人被那个规律直接安排进入既定的命运中，它像一个大机器，不论好坏统统都卷进去，这就像进化论中所说的"物竞天择"，但又不是"优胜劣败"，因败者不一定劣。如被毁灭的恐龙种族，能生存下来的蟑螂本身特质并不见得优于恐龙。西方的悲剧精神，就是说明生命的无奈、人的无奈，在天地一致的规律下，英雄的无奈、伟人的无奈，以至于人的无奈。

而《中庸》里的"修道之谓教"，就是人面对这种命定的命运和被规范的生命，透过自觉的过程可加以调整。"修"是调整的意思。换句话说，人被命定是先天、天性的部分，但在天性构成生命发展的道路上，则是可以调整的，而这被调整的部分或枢纽，则在构成生命的道路上。

"中庸"即指这构成生命道路的部分，即在心，在情。所以说，"喜怒哀乐之未发，谓之中"。这里的"喜""怒""哀""乐"就是"情"，也指"爱"，此是先天之性，是人的生命中心，是人之所以为人的天性所在。人不可违离、无法抵抗，而其深藏于"中"（人之内在），深藏于"衷"，也就是也就是直指于"心"、于"情"。"发而皆中节"，重要的是，每当情之发，将使其中节——恰到其处，不偏不倚，使之真正合乎爱，适当的爱，这就是"生生"，就是"仁"。

其实，《中庸》就是找寻"去爱"——适当的爱的方法，是两千三百年前人类最早的一篇情商理论。

人人皆有爱，但爱是一种能力，我们要有爱的能力，知道如何拿捏，如何爱得适当。因爱而给别人、给自己、给周遭，以至于给社会带来一种生机，亦是一种艺术与创造。

辑三　处世的智慧

闲谈修养

前天遇到一位同学，他说："自己最近做事很顺利，又被公司领导肯定，同时身价高涨，因而觉得很快乐，身体的疲劳一扫而空，而且越来越好。"这是一个很好的消息，不过，我乘机说："你看，人的心理和身体似乎有着直接的关系，人只要心情快乐，身体就容易好起来。"他说："好像是。"我说："下一次，如果事情不顺利，身价没有高涨，你仍能保持心情愉快，你的身体会更好。"他说："您是在说修养？"我说："是呀！不过最重要的，还是在提醒你认识到身体和心理的关系。"要知道，人要是认识不到身与心的密切关系，严格来说是谈不上修养问题的，而所谓修养，实际上就是调整我们的情绪和心理上的感觉，而后带动我们的身体，使健康能更好。明白了这些，就能懂得照顾自己身体的方法。

编者按：文中节录辛老师对同学的提问做的回应，期勉青年在狂飙的年龄也能思索自身身心健康的关联性与真正的修养，即自我认知与自我掌握能力。

昨天下了课，我和几位往届的学生会面，其中有一位从大一开始吃素，修佛法，不和别人来往，大学毕业后，也不做事，只待在家里做佛学翻译。

这位学生的英文非常好，翻译了很多与佛学相关的著作，所以在佛学界小有名气。他最近想要出山了，他想出来做事，好认识这个社会。他原来是学法律的，有人介绍他去台湾地区立法机构做助理，我听到这个消息也很高兴。他问我有没有该注意的事，我想了一下，告诉他，可能要换一下穿着。他问道："为什么要换衣着？为什么一定要穿得和其他人一样，才能在这个社会上做事？"我告诉他，问题不在这里，而在他太远离社会了，不仅在衣服上显得有些怪异，还因为他长期吃素，可能是营养的搭配问题，加上一天工作十二个小时，结果得了很严重的肝病，现在虽然医好了，但身体仍然很弱。昨天我和他同样谈这个心理和身体的问题，我告诉他，有了好的身体，心理感觉会更敏锐，这样容易对事物有更好的看法。

在你们这个年龄段谈修养，并不是一个很高远的大道理。而是如何让自己心情愉快，然后在心情愉快中让身体健康，让自己的身体得到充分的发展。

高中阶段，在心理学上称为狂飙的年龄，人到这个阶段，一方面快速成长，摆脱掉很多过去的经验和习惯；另一方面又在快速建立、吸收许多新的经验和习惯；此外，在生理上，你们的肌肉、骨骼也在快速成长中互相冲突、不断协调。你们可能常看到一些人，或许包括自己，总是跌跌撞撞，行为显得很莽撞，其实那是你们的骨骼成长太快速了，以致你们的肌肉不能适应新骨骼，肌肉拉不开、跟不上的结果。

在这样狂飙的年龄，你们整个人就像在波涛汹涌的大海里一样，常常跌宕起伏，心情大起大落，许多青少年问题就是从这里发生的。

你们上了高中，周遭的同学大多是聪明而有智慧的人，于是很多成长中的烦恼，在不知不觉的脑力激荡下，可以降到最低的程度，同时生活里又有明确的目标——争取进入好的大学。

这样使得你们的生活，因为有目标而有了重心。人生中，生活有重心，是一件非常重要的事，因为这是避免空虚最直接的方法，只是你们慢慢地要有更大、更深刻的觉醒，即在读完大学或获得博士学位后，能有更深刻的生命重心和生命目的，这样自己的一生就会更踏实、更有意义了。而这更深刻的生命重心和目的，最好能与你们身处的时代与社会相应，也就是你们不仅要懂得自身之所需，而且能客观于顾及社会、时代的发展。

我们今天最难得的是处在一个人类重新调整步伐，迈入另一新时代之始，往后会有很多旧东西消失，很多新的状况发生。在这新旧交替的时代，有许多事情可观察、学习，当然，我们也可称这种时代是"狂飙"的时代，一如人的成长，而认识这种状况，进而将经验化为智慧，是需要一些智慧和修养的。而智慧与修养是从自我认识开始的。

这就像我刚才提到的那位学生，他在念完大学后一心修习佛法，甚至避世，近乎隐居山林，现在他又准备出山，这并没有什么不对，只是这一生到底要什么，他是否已理清楚？他自大一开始，天天修佛、翻译佛经，可是在我的记忆里，中学时，每次聊天，他一定讲兵法，这兴趣一直延续到现在。昨天我忍不住问他："佛法重要还是兵法重要？这两种学问的性质是有相当差异的，你到底想要什么？"

我们知道一个好讲兵法的人，在性格上通常好斗；而佛法则是要人放下一切，这之间的矛盾如何调整？如果自身没有调整之道，心中会很不安。我问他，求佛法是否只是减除心中的不安？如果是，那是否应该走入社会去尝试一下，哪怕不成功，只要尝试了，心会比较安的。他想了想告诉我："我想试试自己的剑锋，不然不甘心。"

他今年三十岁，真是应了孔子所说"三十而立"这句话。依人的成长到三十岁会面临"而立"的问题，而一个人要怎样能够挺身立于世上，是很有意思，也是值得注意的事。

这位同学说，其实他在佛经的翻译上，已很有名气，但他内在最深沉的心愿未经尝试，他的心就充满不安。事实上，这种想法是健康的。有许多人，一生在遗憾中度过，弄得一肚子牢骚，脾气古怪；有些人从此变得消极、颓废，而这些大多是因自己心中有着未了的心愿。他们没有积极地去发展自己内在最深沉的心愿，而是消极地放弃，固守在一个自己并不喜欢的园地里。

当然，人要活在社会中，不单是靠自己主观的意愿，还要考虑周遭的环境，特别是当要投身于社会时，如果仍以这位同学为例，他今天想进入社会工作，就得适应一下社会的某些规范，尤其是直接进入一个受到全台湾地区瞩目的机构，就衣着而言，应以适宜为佳。

有人可能说这太不自由了，其实我们深究一下，人之不自由，有些是自己心中观念的限制，不尽然是由于社会的规范。人的成长，一则需要自由，二则也需有些基本的规则，而这些有助于成长的规则，通常来自社会的共同需要。由此我们可学习理智而客观地了解社会，并认清事实，人在社会上希望有所发展，是需主、客观兼顾的。

了解内在真正的需求

一个人想要成为隐士，要发自内在真正的需求，否则是不健康的。我们拿古代两位诗人的作品来看：一是东晋的陶渊明，二是唐朝的孟浩然。这两人在文学史上都被归为自然主义诗人，他们的诗都是表现山水田园的隐逸生活，但是陶渊明的诗是快乐的，在他的全集里，我们可以感受到他的恬淡、平静、安详、喜悦，以及深沉的哲学性思考。

陶渊明常问，什么是"人"？什么是真正的人生？什么是真正的价值？什么是真正的自由？而这也使得他的诗很有哲学性，因为他的内心有了真正的了悟和选择。

而看孟浩然的诗，会发觉诗中有着很大的遗憾、惆怅和不得已，原因就是孟浩然心中是想出来做事，只是他不得其门而入，以致不得不隐于山林。换言之，山林生活是他次一级的选择，其中有着不得已，因此他心中始终不安，而他并未进一步想办法解决，于是终其一生，他都处于不安之中。这不安虽然成为他创作的动机，却也因为欠缺深沉的思考和自觉，使他的诗在意境上不如陶渊明。

而所谓"自觉"并不是刻意地思考和反省，其中最简便的方法是看自己喜欢什么——从了解自己的需要或向往开始。只是人的需要有些并非是真正的需要，而是一时的欲望，这就需要我们慢慢去分辨，找出真正能令自己心安喜悦的事，或者慢慢走出自己心中的阴影。

中国历史上的项羽，以及第二次世界大战的希特勒亦然，他们的失败，几乎也都可以说是没有去除自身内在的阴影，是以他们虽然崛起，不旋踵间也就失败。

自觉最重要的就是"认识自己"。一般说来，我们心理的冲突，常是外界的价值观和我们内在真正的向往有所对立而起，比如中国人在历史文化的影响下，总是关心现实的人生，以致今天我们社会有所谓泛政治化的倾向。每个人似乎都控制不住地想关心社会、关心政治，有些人甚至投身政治活动，其实这其中有些不是自己真正的兴趣，只是在社会风气之下，不自觉地跟着走，有时会引起很多内心的挣扎。

又有一些人，从小到大在我们这种泛政治化、功利化的教育中长大，他们从来没有学会自我反省、自我认识。他们即使拿到博士学位，在社会上有了良好的工作环境，心中也还是不快乐，可是又不知道问题出在哪里，心中一直不安，有些人会选择进寺庙念佛或进教堂，找寻一些外在力量以平衡自己；有的则惶惶然终其一生。

这些都是因为没有从自身的内在找出自己真正所要的，而始终向外去寻求一种社会价值和结果，因而，也就很难走出自己内在的阴影。我们可以发现，凡是动乱、落后的地区，他们内在自我的省察力往往较薄弱，因而也缺少内在的自主性和主动性，因他们的命运总是被外在的因素所决定，如此不断恶性循环。

有同学问，**我们如何才能自觉，以寻找我们内在的力量？**

不要急，更不要焦虑。我们可能已经养成一种心理习惯，就是一旦知道什么，即刻就要得到、取到，一如只要对某一科目用功了，马上就希望考试有好成绩出来，因此心中常常不自觉地充满焦虑和紧张。

其实自觉的方式很简单。孔子说："知之为知之，不知为不知，是知也。"**这个"知"，就是一种"自觉之知"**，即清楚自己真正的状况，同时接受自己当下的状况（但这不是放弃自己的追求）。

要知道人的自我有如树之干，其组成可分为三层。我们或说其最中心的部分，就是最深层的自我，而最外部的皮质部分，则是由社会及个人欲望所构成的，就如在应试教育的前提下，我们以考进最好的高中为最大的荣耀与满足，这便是最外部、最肤浅的一层。为什么？不要说别的，一旦离开现在生活的区域，这一价值就消失，这时，我们可能一下子就失去了自我肯定的力量，尤其当看到除了学校的成绩单和课本上的一些知识外，我们一无所知。虽然我们进的是最好的学校，但除此之外一无所有，生活是一个整体，而我们只为了一种单一的取得，从不自问我们要它们的目的是什么，这样就会失去生活中其他的部分。

我曾经见过一种人，他们当年都是好学校出来的，而后也进了西方各国的好大学，取得好学位，留学归来后，担任社会中极高的职位，有着相当的社会荣誉，可谓富贵利达，但是到退休了，他们百般无聊，不知该做什么才好。有的甚至数着瓶中药粒过日子，然后常说书本误了他，而有的则是一天到晚沉湎在过去的荣耀里，天天在那里"想当年"。今天，在这急速变化的时代，我们只要留心，这种例子是处处可见的，这种状况，同样也是一生没有找到真正自我的结果。他们所谓的富贵利达只是自我最外面的一层。

摆脱旧有的习惯需要时间

我们前面也说，有的同学就是因为成绩很好，不自觉养成一种习惯。比如只要下了功夫，一定就要有成绩，或者习惯把事物的标准都放在第一，如此经过许多挫折之后，可能会说："小时了了，大未必佳。"在有些心灰意冷之后就随波逐流了。

这种心理反应常是限制我们有更大发展的关卡。你们成绩一向很好，在功课上从小没有什么困难，这就会使你们误以为学习任何事都应该是顺利的，包括自我的认识与追寻。但是自我的认识与追寻往往并非如此——同时这也是急不得的，有时愈着急，反而愈易失掉自我。因为我们的知觉仍被一些旧习惯推动，要从旧有的习惯中走出来需要时间，不过你们这个年龄，正好是认识这件事，调整自我的时候，也就是孔子所说的"十有五而志于学"的时候。学者，觉也，正是开始能自觉的时候，当然，真正有能力掌握"自我"，可能要等到二十五岁、三十岁，这就是"三十而立"的时候了。

有人问，个人自觉与社会自觉有关吗？前面我们的重点在个人的成长与自觉，其实对一个民族、社会亦然。伊拉克战争中，美国为取得人民、议会的支持，借新闻媒体渲染伊拉克的战力，而伊拉克的萨达姆与人民竟然相信自己的战力，被虚幻的自我所蒙蔽。我们今天看，为什么越古老的民族，越容易走向自我蒙蔽的道路？

根据这个前提，我们中国比之于中东、印度、巴基斯坦开阔多了。从我们的新文化运动全盘西化，甚至到"文化大革命"，其对国家民族的伤害虽很大，但这其中也可见中国人自我开放的胸怀，在追求所谓"真理"的前提下所展现的勇气与决心。

虽然我们遭遇了许多挫折和错误的选择，但整体看来中国本身仍在发展与成长。至于中东，从历史上来看，他们本身已经经历了百年的苦难（自身的分裂、英国的殖民），但到今日他们仍一味地抓着一些旧的事物不放。譬如男女的不平等，贵族与平民绝对的差距，还有国与国之间，不同种族之间、不同宗教之间绝不相容，而真理知识的标准仍不许怀疑，不许反省。

记得有一年我去欧洲旅游，同队的有名作家林清玄和李昂。当时我们在沙特阿拉伯的吉达转机，在那儿，我们看到从头裹到脚的妇女，林清玄好奇地拿起相机对了一对，霎时就冲来三个拿着冲锋枪的士兵，只是他们没有分清谁是谁（当时林清玄蓄长发，发型和李昂小姐一样）。就像老鹰抓小鸡一样抓住李昂，李小姐大怒，跟他们理论，当时航空公司驻当地的一位先生，立刻跑上前请李昂小姐千万不要争辩，不然会有严重的后果。他说："一则李昂是女性，在沙特保守的社会中没有地位；二则他们的军人是强横专断的；三则李小姐的衣着已严重违反他们的社会规范。"（李昂当时穿了一件低领的 T 恤）如果再争辩下去，李昂很可能会被抓去关起来。而后，由他出面说明，事情才算平息，但那三位士兵就在我们旁边监守到我们上机离去为止。

由此，我们实在可说，相对于其他一些古老民族，中国人的开放性似乎宽广多了，究其原因，中国的古老文化其实是一个开放的文化。证之中国大陆目前出土的文物，一万年前左右，在黄河流域、长江流域、东北、青海、四川各处都有独立发展的文化区，而后进入仰韶文化时期，各处文化交流融合，逐渐汇合而成中华文化。中华文化的发展，长期以来都是在开放的状态下进行，近代中国文化的衰落，关键之一即在明清走向封闭。人类文化的发展，需在开放性的前提下进行，中国本身的发展，基本上印证了这个法则。

我们再回过头看《史记》中《鸿门宴》的主旨，这也是我们读《史记》时要特别注意的。

《史记》每一个段落都有其特定的主旨，整篇文章有更大的主旨。

这段《鸿门宴》主要在说明范增是个人才，因为他看出刘邦是个能人，而且有取天下的雄心和能力，因此范增视刘邦为第一号劲敌，可惜项羽并没有听从范增的意见杀掉刘邦，而这成为项羽失败的根本原因，也成为范增心中最大的恨事。不过，在太史公眼里，并不认为项羽失败在没有杀刘邦，而在项羽不善用人才。范增是项羽幕中最好的人才，可惜项羽并未用他，这才是项羽失败的主要原因，这是范增和史学家——太史公的不同看法。我们看汉王刘邦，也就是后来的汉高祖，他的用人之道是唯才是用，礼敬人才，以致他身边聚满人才，特别是对张良这样的人才，更是言听计从，且尊之为公、为师，同时，刘邦更难能可贵的地方，在于他敢用所谓的"敌人"，如陈平、英布等。这些人才都有共同的特点，就是有气度、不妒才、能合作，而范增才虽高但性偏急，常满腹牢骚，而这也是成才成事的大忌。

人有牢骚不平，基本是内心仍未能真正了悟而走出以往自己一些经验、情绪的限制。孔子说："伯夷、叔齐不念旧恶，怨是用希。"就是要人走出过去某些经验的阴影，不要受到这些经验的限制。

民族生机需走出历史的限制

今天人类处于一个新的阶段，在这个阶段，一个民族的生机与复兴，就看这个民族是否能从本身的历史限制中走出来，而这并不是放弃传统、否定历史。民国初年的新文化运动，主张全盘西化，并全面疑古，这是对历史的否定与放弃，并不是走出历史的限制。

新文化运动时，陈独秀、胡适之、鲁迅等人，他们想突破历史经验的限制，只是他们采取否定和斩断切除的方法，这就像你觉得自己的手长得不好，就斩断自己的手，脚不好就切除自己的脚，甚至头不好，就砍头，这种方式并不是正确的。他们没有能力从自身历史的内部回看自身的特点，以发现其限制在哪里。当时这些"新青年"在时代历史的条件下，热情有余，知识不足，只一味地冲撞、决裂，他们希望借此突破明清以来已僵化的礼教。他们提倡新青年，希望借此打破以"尊老"为前提的伦理社会，只是当时他们没能真正反省，于是对中国传统只能做全面性的摧毁。历史上，项羽进入关中后，屠杀咸阳城中的人民，并焚烧宫室，这种做法不只是对旧政权的推翻、摧毁，也是对文化、知识的摧毁。因当时全天下的书都收藏在阿房宫，他一把火烧光了，这可说是中国知识文化史上的一次大浩劫，伤害之大，可从汉朝除挟书令、鼓励献书，而天下社会的旧书非常稀少略知一二。这种对知识、文化的残害，也是对中国本身最大的伤害。东汉末年天下大乱，赤眉军把东汉的未央宫烧掉，汉朝四百年来的努力，霎时毁于一旦，而后历代动乱都要烧毁藏书，以做全面性的毁坏。这是一种历史的限制。

中国到近代仍看不清一个民族的盛衰决定于能否从历史中吸取经验、摆脱某些经验的限制，并能尊重知识、发展文化和艺术，仍不从自身和历史发展中去了解及吸收经验，走出历史的限制，进而化腐朽为神奇。

一个民族的成长与发展，和一个人的成长与发展其实有许多类似、相通的地方，一个人对自身开始有自我认识的能力，就能从自身的过往中吸取经验，跨越历史的限制，迈出新的脚步，走向新的未来。

从清朝以来，我们已逐渐失去这种自我认识的能力，这不仅导致思想的僵化、知识的停滞和文化的衰落，也造成民国初年新文化运动中全面的自我否定，以致延续到后来发生"文化大革命"的根本原因。

长时期以来，我们并不看重自己，也没有深入自身的历史中，去探寻自身内在真正的需要与感觉，以致我们在教育体制和方式上、生命的理想、知识学习、文化建设上，不能有超乎"功利"目的的认知与意识，以致我们在教育的教学与学习中，就自然受制于功利的应试教育；在社会生活中，则无法摆脱低限度的生存追求。

从生命发展上来看，这实在是很可怕。同为人，如果只有单纯的"功利"目的，教育只求升学，生活里只有本能的生存满足，这其实是近乎"动物"的生命活动。当然，人是来自动物，不可全面免除动物性的需求，但人之所以为人还有较高的心理、精神层次。我们平日所谓的"理想"，基本上是属于这个心灵层次的活动，我们唯有进入这个层次，才能从生活的被动性，进入生活的主动性，然后才能有"创造"的可能，才能将自己潜藏的才能逐渐开发出来。

把握"修养"的真义

前面我们一开始讲到"修养"，并不是旧有的只从"道德"观点出发的"修养"。

明清以后的中国"道德观"，只偏重在善的行为上，**较忽略人内在潜力的开发以及心灵自由的获得**。原始儒家的"善"，不只是善的行为，更是生命从初级的形式到高级精神的全面开发，是一种生命的"大善"，而后中国人在特定的时空、环境下，逐渐丧失这种认知，仅维持一种行为规范。尤其到了清朝，更以礼教、伦理、道德作为政治的工具，钳制思想，限制人性，压抑自然的情感，率而导致社会、文化、知识的老化与呆滞。

中国人长期以来丧失了真正的**"修养"——自我认知和自我掌握的能力**，同时也导致身体的衰弱。今天我们若想改变，应从认识自己真正的需要开始，这个需要不只是心理、情感、精神的需要，也包括身体的正常需要与发展，即古人所谓的"性命双修"，**"性"是指人的精神活动，"命"是指人的物质身体**。

中国人要走出历史的限制，吸取历史的教训，重新开创一个幸福、快乐的天地，都当从这里入手；个人想要有健全的发展，也当从这里入手。因为**一个健康正常的"人"与其世界，是离不开身体、精神、知识、文化历史的发展与活动的**。

《庄子·逍遥游》释义

《庄子·逍遥游》的基本精神——有助于打破人生困境

一九八四年发生了一件大事，印度的甘地夫人被刺杀了。在二十世纪，第二次世界大战后，甘地夫人是女性中非常杰出的政治领袖，她并不因为是女性而逊色，尤其是她使得像印度这么大而贫穷、种族复杂的国家，能够生产核武器、发射人造卫星等。固然有印度人骂她，说她不顾印度人民的贫穷而发展核武器，可是印度居于印度洋的重要地位，是欧亚间的重要据点，若不把国防力量充实起来，印度今天便没有办法和世界上这么多的大国平起平坐。尤其她在发展核武器的时候，骗过了苏俄的间谍，等到第一枚原子弹试爆，苏俄大使吃了一惊，同时这位大使被免职调回苏俄，这都是极高明的手法。在甘地夫人的

编者按：在文中，辛老师从《逍遥游》审视每人皆有的分别心，再衍生至儒家的相互观照，帮助青年转念思考，打破人生困境。

领导下，印度举全国之力研发出了原子弹。

可是，由于锡克教问题处理不当，她被刺杀了，这不仅代表印度本身的问题，其实也象征着全人类的问题。全世界的人类，处在这样一个动荡的环境中，我们应该积极地前进，还是该消极地后退？我想这就是人生的困境，庄子就是要帮我们打破这个困境。我们在不能积极地前进，又不能消极地后退时，该怎么办呢？这也是《庄子·逍遥游》所触及的基本精神。

你们生在一个非常好的时代。今天，在这样的世界中，你们来读《庄子》或许比古人读《庄子》更见其义，因为庄子的时代与今日相比，我想庄子一辈子也难以想象今日景况——原子弹试爆了，卫星上天了，人跑到月球上去了……过往还只是臆想的事，今天一切都实现了。我们在这个时候读《庄子》，又可读出另一番新意，这就是庄子伟大的地方。

记得我开始教书后没多久，人类就登上了月球，而后，教皇被刺杀，这是一件不得了的大事，无法想象连教皇都会被刺杀。不多久，又有许多知名人士遇刺。一直到今天，我们人类未来的路将怎么走？实在不知道；我们生存的空间、生长的环境，会有怎样的发展？也不知道——这就是我答应同学们讲《庄子》的原因之一。

其实，"逍遥游"就是指远游。什么是远游？基本上它有追求自由的意义。在现实人生的困境中，我们怎样脱困而出，达到远游的目的？在此，这份目的就是求人生的自由，甚至我们可以说这就是人类真正的一份自由。什么是自由？我们今天常说：自由者，自行也。什么是自行？就是有自我决定的能力。怎样能达到自我决定的地步？必须在于我们整个心灵真正解放。心灵怎样才能获得解放？庄子一开始，就提道，要打破我们的大小之辨，辨就是分别，大小的分别；"分别"的意思，一方面代表我们对于空间的分别，另一方面代表我们一般惯有的分别，因为我们的分别，通常是从大大小小的事物开始。比如大学生住在学校宿舍，吃自助餐，一起叫菜。同样叫一块肉，你们会不会很本能地看一看他的肉跟你的肉，哪一块大，哪一块小？我们的比较通常都是从大小开始，再来是分量，然后才是品质，所以我们以大小作为一个分别的代表，所谓"分别"，基本上也是人类认识事物的开始。

我们能认识事物，就从我们有"分别力"开始。

痛苦起因于人类的分别心

人很小的时候，只要一有人走近，就希望被人抱，可是差不多到了一岁时，能分辨出这就是妈妈，是我要的；远近亲疏也开始慢慢分别出来。人能理解、分辨事情，是因为有分别的能力，不是糊里糊涂混在一堆的，所以我们可以把世间的一切事情"分门别类"。整个人类的知识，也就是因为人类能够从所有的事情中分门别类才开始，可是这种开始到某一阶段时，也会变成对我们再进一步认识的限制。比如，我们很固执地去比较每一件事情：为什么他的成绩比我的好？为什么他是某某有钱人的儿子，而我爸爸只是个小公务员？如果我们拿每件事情去跟别人比较，这个不如人，那个也不如人，我们会快乐吗？

今天，西方（包括阿拉伯和印度）的宗教战争，他们的动乱，有百分之八十的因素是信仰上的冲突。你的上帝就不能是我的上帝，你的神就不能是我的神。二十世纪是一个科学的世纪，可是，宗教战争从古代绵延到今天，而且愈演愈烈。这都是由于分别心的缘故，因此，佛教和基督教都开始提及人类的痛苦，有个最重要的因素是人类的分别心，所以，基督教的亚当、夏娃偷吃的是智慧之果，不是生命之果，而智慧就是分别心的代表。佛家也是这么说，包括我们的庄子、老子，所以，庄子要打破这个分别心，他就从破除对大小之辨开始。

人之所以认识大小是出于分别心，所根据的是自己的经验，由于自己实际接触过。庄子的聪明就在这里，他打破我们的经验，让我们突然了解，你我对大小的区分凭借是不正确的，也不是绝对的。就像牛顿的定律，三维空间是绝对的，爱因斯坦把时间摆进来，时间代表动，在一个运动的宇宙中，若没有一个绝对的定点，就不可能有绝对的高度，绝对的长度，因此也无绝对的面积和体积。一切都是假设，只为了认识的方便。是以庄子立论说**"北冥有鱼"**，不过，他说明这个道理的过程，不是像我这般理论性的说明，而是非常文学性的。他是透过具体的事物作为象征，换句话说，他是借着文学的表达，以达到哲学的目的，其后整个中国两千年的文学都受他的影响。

庄子以这种文学的形式，要达到一个哲学的目的。一开始，他就用具体的物件，因为具体的物件是在我们的经验之内，可以是我们抓得到的东西。你们见过鱼没有？当然见过，所以他就拿一条鱼来说明，不过这条鱼，**"其名曰鲲"**。"鲲"原本是一种小鱼，但是庄子为了打破我们惯有以大小之辨思考的目的，就把它变成一条大鱼的名称。其大**"不知其几千里"**，不知道有多大，**"化而为鸟"**，还变成了一只鸟。注意中文的"变"跟"化"有些不同，古文里"变"是"变"，"化"是"化"；"变"，较没有什么时间性，而且表示截然不同之二物；"化"，则有它演进的过程，两者虽然不同，但其中仍有不变的部分，在此用的"化"，也是庄子提出的一个非常重要的观念。人类正式有理论讲进化的是亚里士多德，而庄子则是从宇宙演化上谈自然的变化。**"化而为鸟，其名为鹏，鹏之背，不知其几千里也，怒而飞"**，注意这"怒"字，就是"愤起"之意，用得非常好，这些都是文学上的用词，是我们所谓炼字的部分。因为你读到此，不仅情绪会被带动，甚至可以感受到那动作情境。亦如读太史公的《史记》，其炼字之讲究，会让人读来有很强的画面感。

"其翼若垂天之云"，它的翅膀大到如垂天之云，这和前面"不知其几千里"，都是表示一个"大"字，庄子在《逍遥游》开始谈"大"这个字，有如《星际大战》在一开始银幕上映出一个星球，巨大到我们的眼睛没有办法看，然后逐渐拉远，让我们能够感受到超过我们经验之上的辽阔空间。庄子掌握到能够透过文字，而达到视觉的效果。

"是鸟也，海运则将徙于南冥。""运"者"动也"，"海运"，当海动的时候，当潮流变化的时候，它就往南迁，迁徙到哪里呢？迁徙到南方的天池，**"南冥者，天池也"**，"南冥"就是指"天池"，所谓的天池就是大海。首先他要打破我们狭窄的空间观念，带我们到一个超乎经验之上的、辽阔的、无穷无尽的空间，放大我们的眼光，然后我们会突然明白，原来我们平日所站的立场、判断事物的根据，是非常狭小的。今天人类的战争，以宗教为例子，哪一个不是过度站在自己狭窄的立场去否定别人，而任何的否定，不都是假借某一名目而发生的吗？

"《齐谐》者，志怪者也。"他举一本书来证明他的话。注意这个"志"字，就是"记"，《齐谐》这本书专门记载一些奇奇怪怪的事。在此他用《齐谐》为例，这是他故意标出来的，他不想用过往一切为根据，就用一本滑稽古怪的书来作答。好像人们不用提孔子说、孟子说；也不用提尧说、舜说，而是用一本类似《聊斋志异》的书来证明我们的话，所以他的文章相当突梯，不守成法，重开了一个境界。由这个角度来看，后来中国历史上有许多有趣的人，包括济公在内等，基本上都是从这里来的，这些人物是中国特有的，亦为中国人所看重，因为这些人物透过滑稽突梯的行为，透出一种新鲜的气息，也同样能达到思考与反省的目的。

而后，太史公的《史记》有一篇《滑稽列传》。我们今天讲多元化社会，如果从太史公的《史记》看，他倒是从多元化价值观中把各种人物放进去了。为什么？因他在思想上也承接道家的思想，他的父亲司马谈是喜欢道家的学者，他有一篇有名的文章《论六家要旨》，乃中国重要的一篇学术评语。在这篇文章中，他最推举道家，不过太史公则推崇儒家，但仍把此文放进了《史记》，为写《史记》的重要文典。太史公写《史记》乃继承孔子《春秋》的精神，于是有人认为，太史公只看重儒家，不看重道家。其实不然，他仍然受到道家思想的影响，列传中将各种人物同时呈现，也展现出一种道家思想的表现与精神，因为道家就人类的平等性来说，比儒家更往前进了一步，或问，凭什么说太史公是以儒家思想为重？从太史公的自序中，可看到他的志向多是儒家的观点，且推崇董仲舒、孔安国；此外，到汉武帝时，社会思想开始变了，不再以黄老思想为主，而开始走向儒家思想；同时，在《史记》的人物事件中，是以儒家之宗旨为标准，但道家思想在他的思想结构中，仍占有很大的分量。

其实从太史公而下，中国人不可能有纯粹的儒家，或纯粹的道家。你我的身上既有儒家也有道家，或多或少，还带点佛家。换言之，后世构成中国人的民族性的，有儒家、道家，甚至还有佛家，但在此之先，由中国的民族性凝练而成儒家、道家，又从中抟聚而成此下中国人的个性。

"平等性"为道家思想最特别之处

道家的平等性，从哪里可得见呢？如我们读过《老子》即可见，《庄子》也有提及，可见构成宇宙的一切事物，没有什么大小高低之别，每一件都有同等的价值，缺少其一，就不再是这个宇宙了。如我们上课，是主讲人重要，还是听讲人重要？或都一样重要？站在某一个立场，当然是主讲人重要；不然，如果没有主讲人，如何进行讲课的活动？当然，或许课可能开得成，只是开成了也不是现在的样子了，但若是没有人来听课，也一样不能成立，所以听讲人也很重要。再进一步说，若没有桌子、教室、学校，以至现有的学校老师、校长，我们的课堂也不可能有此风貌，甚至根本不能成立；哪怕粉笔、黑板，甚至粉笔灰，都是构成教室、讲堂的气氛的重要因素。换言之，世界若缺少构成这个世界的任何一项，不论大小、贵贱，就都不如目前世界的完整了。

而从人来说，这世界没有任何人能替换你我，哪怕生一堆子女，这些子女也不足以替代你，因为你有你的价值，而他们有他们的价值，每一个人都是独一无二的。面对整个宇宙，个人是渺小的，所以在苏东坡的《前赤壁赋》中就说"渺沧海之一粟"。但换一个角度说，这世界没有了你我，也就不完美了，因你我是构成这世界的一部分，且是独一无二的，千古不灭的，所以人既渺小又伟大。

或许你们会说："我们总会死呀！死了怎么办？"

死，是我们随着自然而死，是我们在自然演化中，让出了空缺，使未来之人继续生存下去，所以，死亡是生存的一部分。在这样的前提下，中国人绝对会反对人为的杀戮，故儒家基本上反对战争。今之中国人若真正了解中国文化之精义，当知中国最重要的工作，或许不是如西方美俄那样发展核武器，而是应该根据中国文化的精义，提倡"弭兵会盟"，一如春秋时期宋之"弭兵会盟"，不过宋之"弭兵会盟"没有成功，因宋是小国，而今中国是大国；此外，宋提"弭兵会盟"仍出于政治、自我生存的需要。若我们以文化的观点来宣扬，提出人类生存的共同要求就是和平，那么，粗浅地讲，今天诺贝尔奖就能轮到中国了。而诺贝尔奖尚是小事，更重要的是，真可为人类缔造一和平的地球，以奠定将来缔造一个和平宇宙的基础。

再想想，我们中国人有这么伟大的事业在前面，我们是不是该好好活下去？

所以"平等性"是道家思想中最特别的地方，儒家并不是不谈，孔子提出"觉性"之说，是儒家站在人性基础上来看这个问题，而道家则是站在自然的、全宇宙的观点上来说明。是以我刚才说，道家比儒家更往前进一步，这不是说道家比儒家进步，而是在这个问题上，道家更往前一步说明了它、发挥了它，就像将来你们或根据我的说法去做更大的发挥。今天我讲"我们要为全人类、全世界努力"，与你们所可能会说的"我们要为全宇宙而努力"一样。

庄子在这里打破了人们的观点。当时的人们或言必称尧舜，如孟子；又如墨子则称夏禹，再不然称诗、书，而庄子不如此讲，他称"齐谐"。别人言必求其根据，引经据典，而庄子也引，不过引的是齐国专讲怪话的书。"志怪者也"，庄子特别标明，它是专讲各种鬼鬼怪怪的书，就如同后来的《聊斋志异》或《阅微草堂笔记》等。

"《谐》之言曰"，《齐谐》这本书上有这么一段话，它说**"鹏之徙于南冥也"**，就是鹏迁移到南方天池、大海，**"水击三千里"**，它飞翔时要用翅膀拍击水面三千里。你们若观察大鸟飞行就知道了，大鸟要起飞得聚气，像飞机的飞行一样，它不是一下子就上去的，而是得先平行而飞，然后再慢慢上升。而这只"不知其几千里"的大鸟如何起飞？它要先在水面拍击、平行而飞三千里之远，才能腾空而上。

"抟扶摇而上者九万里"，"抟"有两个解释：一是聚集貌；二是作"搏"解，"搏"作打击讲。"扶摇"是旋转流动之气，如郭璞注说"暴风从下上"。所谓"抟扶摇"就是大鹏用翅膀拍击，平行而飞，慢慢聚集旋转流动之气，然后腾空而上九万里。

"去以六月息者也"，而后它离开的时候，不仅要拍击聚气三千里，而且还要有所待！待什么？待"六月息"。"息"是气，指"风"而言，"六月息"，是六月海潮转动，带动起空气风向的转变，大鹏顺此气流的转变，而后才能南徙到南方的天池。你们学自然地理，讲到地球空气的变化，一是高空气压、气流的转变，二是海潮流动的转变，对否？而海流的变化则是半年一次。大鹏在这里抟扶摇而上九万里，其离开的时候凭借的是什么？"以六月息"，"以"就是"用"，引申为"凭借"，它凭借的是这六月来所凝聚的气，也就是息。

注意！这一句非常重要，需要特别加以说明，因大家常误以为庄子讲逍遥，以大鹏开头，就是要强调大鹏，逍遥就是要像大鹏一样抟扶摇而上九万里。其实他要说的逍遥并不在这里，因大鹏的飞上九万里，还不是真正的自由，仍是有所凭借的。

"心灵的自觉"即是"仁"

人特有的心灵活动是"仁"。

比如高三的同学读书到现在，往往过一个阶段就会问："我为什么要读书？我读这个高中有什么好处？"心中愤愤不平。其实即使这种愤愤不平，也都是一种价值的判断，这是人特有的一种心灵活动，我们就说它是一种"心灵的自觉"吧！简单地说，这个"心灵的自觉"，我们可归到一个字上，就是孔子所说的"仁"字。当然，孔子所谓的"仁"远不止意指这点，里面还有"爱"的意思，我们会爱父母、妻子、子女、朋友、国家、民族、文化等，或会爱某个人，同时也会意识到这份爱，因此人会有种种情绪、情感的反应。

人不但会爱人，也会意识到这份爱，爱人的或被爱的，都会有反应，所以"仁"字的写法，从"人"从"二"，表示爱是有对象、有相互沟通的，是双向的，不是单向的。这份沟通与了解，也属于"心灵的自觉"，所以孔子以"仁"来厘定"人之为人"的标准。

而庄子呢？他在这个"人"的基础上，把我们的眼界打得更开，他不再只是站在人的立场，而是站到大自然的立场来看人，他不只看到人的问题，且看到人与自然的关系。

其实人的生活无时不与自然发生关系，就以我们每天打开饭盒来说，从所带的饭菜中，鸡鸭鱼肉、豆腐、青菜萝卜，无一不是自然的产物。我们的衣服从棉麻、丝绸，到今天的人造纤维，也同样有它属于自然的部分。再看我们的手表，我们身上所用的一切，以至所谓衣、食、住、行，无不与自然息息相关，甚至我们的呼吸，全人类不是共此一个天地，共此一个大气吗？

《庄子》一开始从大鹏鸟讲起，大鹏一飞冲天九万里，而后南飞，从北极飞到南极。在这样一个辽阔的空间里，我们和其他的生物、尘埃，以至野马，都共此天地和大气，所以庄子说：**"野马也，尘埃也，生物之以息相吹也。"**

什么是"野马"？野马就是所谓的"游气"，天地间的游气。为什么用野马形容游气？游气就是在大平原上，空气中所浮现的一种气流，如我们所看非洲动物奇观的电影，常可见到非洲大平原上，会有一种气流游动在空气中，使整个天空都模糊起来，好像野马奔腾时所扬起的风沙。这种现象也有点像我们在夏天最热的时候，看到操场上也会有一种气流在动，这种现象在大陆性的土地与气候中最容易出现，所以庄子用"野马"来形容这种游气，以至尘埃，以至其他生物！

不论野马、尘埃，以至其他生物，共有此大气，互相吹息着。今天你我不也是共处在这样的共有空气中，你我不都是共同呼吸着大家吐出来的气吗？整个大自然其实都依赖着这样的一个气息在呼吸着。成语"息息相关"就是这个意思。

庄子从"仁"字把我们带进来，和整个大自然发生了关系，说明人和自然并非对立，而是互相"以息相吹"，大家共同生活在同样一种生命的关系里面。这份观念扩大了中国人的心胸，让我们了解到人与自然并非对立，人也非寄生在自然之中，而是共生共荣。

"天之苍苍，其正色邪？""苍苍"指天的颜色，这样的苍天，是不是它真实的颜色？注意这个"正"字，正色，就是真实的颜色。这句话说得极好。我们常说，若用现代的观点来看，庄子是站在一个认识论的立场上，来突破我们平常的一种认识，让我们能重新检查我们的印象、观念，以至我们的心理状况。

这里的次序，印象应该在前，先有印象，然后有观念，然后有心理状况，而后再有行为活动。我们谈事情一定要有程序，依程序我们的思路才会清晰起来。而什么是"认识论"？就是研究人的认识能力、来源和可能，这是西方哲学的一大题目，它就是我们研究人的认识能力是怎么一回事，我们凭什么可以认识外界的事物，它的来源及可能性，也就是——我们到底能否真正认识外界的事物？换句话说，我们能否认识外界事物的真相？再换句话说，我们认识的外界事物，是不是真的和外界事物一样？这是西方哲学上一个很大的问题，不过庄子没有发展出认识论。因之我们不说庄子的认识论如何如何，而只是借这观点来讲解庄子所持之立场。

中国人喜用"观照"看世界

现在大凡谈中国诸子的人常说：孔子的宇宙论、认识论、政治论如何如何。其实这是很危险的，因为中国学术本身并没有那样的说法。不仅中国学术的问题、内容等与西方不同，同时中国学者、思想家所持的看法也与西方大异。比如，中国人多说人生观、宇宙观，而不说什么论，"观"就是一个看法，一个整体的、超越性的看法，所以"观"是中国人喜欢用的一个词，特别是我们好用的"观照"一词可谓代表，这表示中国人的思维要看到事物的真相，其所用的方式是"观照"。就像太阳一样，是在一个更高远的地方来看这个世界，这样我们才能看得更周到，看得更完全。一如中国的山水画，就是用观照的立场来看大地、山川的结果。而中国的山水画没有西方人所谓的"三维空间的焦点透视"，而是用观照的方式将整个世界看进去，所以，它的透视跟西方绘画的透视完全不一样，展现出了完全不同于西方绘画的艺术形象。

这种"观照"，在中国学术上，就构成了经书、史书非常独特的写作方式，这种方式，和西方的"论"不同。西方的论是针对某一个特定的物件，决定特定物件后，按三段推论的方式，一层层推出来。在中国这种观照之下，所构成的经书，往往某一句话就可以成为一个论。如果我们解剖出庄子、老子的政治论或其他什么论，这不是不可以，但很容易把他们的意思分散而变得支离破碎，甚至于违背了其本意。这也是近代读中国书的一个大问题。因此，用西方的"论"来读中国书，会觉得不合逻辑，它们似乎是不合西方的逻辑，但并非没有思维的法则，中国有自己的一套思维法则。若是从思维法则的观点看，西方人的逻辑也只是其中的一种而已，而非人类唯一的思维法则。

站在认识论的立场，我们可说庄子要让我们做逍遥游，获得真正的自由，首先就得突破我们的感觉经验，也就是打破我们平常感觉经验中对大小空间的认识。我们认识任何事物，都有空间上的限制，"空间"或许听起来比较抽象，若换成"环境"或许就容易懂了。我们在学校，对事情的看法必然受到这个环境的限制，比如问，什么是好学生？不同学校同学的答案，可能就不一样；国学社的同学对人生、对好或坏学生的看法，也可能和没来过国学社听课的同学不同。

庄子为什么用大小来说明空间呢？

第一，这样可以很清楚地表现空间的具体形象。

第二，能很具体地说出我们从感觉经验所获得的判断。而判断往往受到环境的影响。

从这里，他再进一步说明我们还受"时间"的影响。

就如十七岁时，判断会和三十岁时不一样；到了五十岁，又和三十多岁不一样。所以孔子说："十有五而志于学，三十而立，四十而不惑，五十而知天命。"至于"六十而耳顺，七十而从心所欲，不逾矩"，他让我们了解这些问题，然后由此了解到我们平日的认识受这些事物的影响、限制，当我们了解这些限制之后，就容易脱困而出，获得真正的自由了。人生的最大限制，往往莫过于经验的限制，以及从经验而来的观念的限制。美国有一部小说叫《天地一沙鸥》，描写一只海鸥，它一直飞一直飞，希望能突破自身的限制而飞出最高的可能。别的海鸥都笑它，它就说："为什么不可能？"其实我们许多的限制，多是来自这"不可能"的观念，如果我们突破了观念，也就突破了限制。从这位作者的观念中，我推测他可能读过英译本的《庄子》，受了庄子的影响，写出这样一本小说，今天我们读不懂《庄子》，倒也可以读读这本小说以为参考。

庄子以大鹏之大，打破我们对空间的观念和距离感，把我们带到一个无法想象的空间世界，不过他怕我们以为这就是逍遥游的极致，所以把我们带到那样的高空后，忽然转问一句："**天之苍苍，其正色邪？**"你所见到的世界，是真实的世界吗？然后告诉你："不是。"他这种说明的方式，真是妙透了。他说"**其远而无所至极邪**"，它不是天真正的颜色，它只是因无穷而让我们看到的颜色。这里点出了我们所谓感觉经验的问题，原来这是因为我们感官面对无限的空间而产生出来的颜色。它不一定就是天的本色，一如海的蓝一样。他告诉我们，人类的感觉不是全然可靠的。

"**其视下也，亦若是则已矣。**"我们如果从那样的高空往下看，也一样能获得从下往上看的结果，因为我们的感觉是如此受限于空间。

"**且夫水之积不厚，则其负大舟也无力。覆杯水于坳堂之上，则芥为之舟，置杯焉则胶，水浅而舟大也。**"他再从那样抽象的问题中转回来，立足于具体的事物立论。如果水不够深，就不能承载大的船，就如我们将一杯水倒在洼地，则可以用一片小草为船；假若我们拿一个大杯子放上去，它就黏滞不动了，因为"水浅而舟大也"。

"**风之积也不厚，则其负大翼也无力。故九万里则风斯在下矣，而后乃今培风；背负青天而莫之夭阏者，而后乃今将图南。**"同样的道理，天空中风之积如不厚，则无力负起大鹏的大翼，所以大鹏若要飞上九万里，其下之风必厚，而当风在大鹏之下时，凭借着风力，背负着青天毫无阻挡，然后才开始朝南飞。在此，庄子点出了一个重要问题——大鹏的大，大到无以复加，但与野马、尘埃以及其他生物一样，都得待"息"而动。如此，从这个立场来看，不论大小，不都一律平等了吗？太阳很大，比地球大了很多倍，可是在外太空看来，太阳和地球的大小是绝对的差别，还是有限的差别呢？当我们站在更高、更大的立场，就会发现原来的差别不再是差别了。

我们说庄子以大鹏之大，打破了我们的空间概念；另外，再从我们的实际人生来看，谁不想如大鹏一样一飞冲天？谁不想扬名于后世？是以庄子绝不否定我们的现实人生。这也就是告诉我们，中国的东西一点也不远离人生，一切就在人生之中，这和西方哲学可以不顾现实人生，只就理论说话不同。即使是庄子这样的逍遥，他仍要活在这个世界上。

　　"而后乃今培风；背负青天而莫之夭阏者，而后乃今将图南。"
"培"，"凭"也。它凭着这风，飞上几万里，无所阻拦地、勇往直前地
飞行下去。"夭阏"是"遏止"之意。庄子告诉我们，你们想一飞冲天，
就得聚气、待息。就是要下功夫，而后再等情势、机会。今天我们年
轻人易受挫折，往往是忽略了聚气、待息的步骤，常只想一步登天。
要知道中国的学说，多是修己之学，而不是用来教训别人的，能修己，
就能成君子之德了。孔子说："君子之德风；小人之德草；草上之风，
必偃。"到时候你们自然就会有动人的力量，带动大家并形成风气了。
一如来国学社的同学都很快乐，很随和，虽然有自己的个性，但都还
平实，功课也不错，人家或问你怎么如此，你说："因为我在国学社听
《庄子》，所以如此。"于是就会有人想来听《庄子》，这不是很好吗？
这才是真正力量之所在，你们将来要做事，也当以这种力量为主。

　　不论商业、文化事业，都必须先让自己站起来，自己站不起来，就
无法号召别人。培养自己本身的才能，便是聚气；此外，要有其他条件
（也就是客观条件）的配合。从历史上来看，孔子当时周游列国，栖栖
惶惶、道无所行，从现实的观点而言，他也不过是年老归家教学而已，
但是就在他这样的坚持、这样的行走中，开出伟大的文化大道。至于刘
邦呢？他能使天下的人才聚到自己身边，而后待息以动，灭项羽，统一
天下，建立辉煌的汉朝，使中国人今天仍称汉人。三国孔明，刘备曾三
顾茅庐，他告诉刘备，在当时的情势中，他也只能做到三分天下而已，
至于天下一统，或只是一个高远的理想，此理想可维系一脉正气于天下。
这些人都有高超的见识，而其见识不仅是主观的培养，也在对客观情势
的认识，因此不论在何种情况下，他们都还能发展出事业。

　　甚至于东汉末年的管宁，在东汉末年这样一个天下大乱的时代，他

就什么也不干，躬耕读书，而后全村的人都认为他好，等一看到管宁收拾包袱准备逃难了，全村子的人也都跟着他走。而邻村一看，管宁这村都逃走，他们也跟着走！于是几个村子一起走，走到东北，在那儿又开出一块和谐安宁之地来，中国文化也随之发展到偏远的地方。

培养化腐朽为神奇的能力

再看南宋文天祥，在那样的乱世中，其才也不足以挽回南宋的覆亡，而他则以死创出另一片江山，将民族正气绵延不绝地传下去，使元朝的统治不到九十年就灭亡了。这些人不论成功或失败，都有化腐朽为神奇的能力，这能力如何培养，就是教人不仅知进，也当知退；不仅知奋斗，也当知休息，因为这样才是正常的人生。今天我们社会最大的问题，就是一味鼓励奋斗，只看重成功、发财，以致许多人失之于愚勇，人生的道路也因而变窄。所以读《庄子》，或可以拉出一些距离，使人们重新反省这些已被认定的问题。孔子虽然也告诉我们进退之道，不过庄子更是另辟蹊径，重讲一套。他们两人讲的都是一样的道理，不要以为庄子是批判孔子的，其实两人的观点一点也不相悖，庄子只是从另一个角度，使我们习以为常的心重新有了知觉。正如庄子说的："而后乃今将图南"，等到能聚气、待息、背负青天以后，也就是有足够的能力，没有人能阻挡时，就能迈向自己的方向了。

现实的人生，如果像大鹏一样，那是"大"；可是还有一种"小"，比如蜩、学鸠；蜩是知了，学鸠是一种小的斑鸠。庄子忽然用这些小东西来与大鹏相比，显得非常突兀，但也因这突兀，使我们觉得相当活泼。**"蜩与学鸠笑之曰"**，蜩与学鸠这些小东西，却笑着说**"我决起而飞，枪榆枋"**，"决"，急速的样子，"枪榆枋"，"枪"字用得极好，名词作动词用，"枪"同时也有"突"的意思，枪是古代的兵器，用来刺。我急速突然起飞，直接飞上榆树和枋树上。"枪"言其短，很短的距离不用曲曲折折，此是回应前面盘旋上九万里的高远。小鸟和麻雀的飞行是直飞的，因它们体积小，不太需要聚气，可以随时起飞，你们观察这小麻雀的起飞没有？都是突然而飞，突然而落。读中国书一定要学习观察自然，因为书中大多是从自然中取象，若不观察自然就难深入中国书中。

昨天我和几位朋友去台北故宫博物院观赏古物，其中一位朋友十分富有，不过他多少还读了点中国书，所以倒还谦虚有礼，因此我们处得很好，每次我们一起去台北故宫博物院观赏古物，都会谈谈知识、人生道理。昨天在路上，他问我和另一位朋友："你们什么时候懂得欣赏这些古物的？"我们就说："从小一点一滴学的。"他说："真好，只可惜你们没有收藏。"因为他是个收藏家，接着他又说："你们真好，爱看书，又能欣赏美术品，也懂得生活之道，只是从我的立场来看，还是有点遗憾，就是你们没有收藏。"我和另外一个朋友就笑了，我们知道他的意思，不过我想，我们其实真没有什么遗憾。而他这么想，正好帮助我们理解庄子说的这一段话。就是人生中，各人都拥有各人的，每个人若能充分享有自己所拥有的，那就不会觉得有所损失，有所遗憾。人生有时就像一个旅程，每个人都有各自的体力和际遇，没什么好遗憾的。庄子要我们懂得珍惜我们所有的，不要老是去羡慕别人所有的。

儒、道两家之所以成为中国学术的主流，成为中国人精神之所寄，实因两家从现实人生中都讲到这一点。不过在这一点上，并非仅此而已，如果你有所觉，那你可以抱有更高远的理想。这高远的理想并非物质的获得，而在于精神之开展。我满欣赏这个朋友的原因也在此，因他能有较高远的理想。后来这位朋友接着又说："其实，收藏并没有什么大意思，最开心的莫过于当你看到这个作品，然后理解它艺术的美感，这才是最快乐的。得到它，倒没有什么特别。"人与人交往贵乎知心，至于钱财倒真是其次了。

"时则不至，而控于地而已矣，奚以之九万里而南为？""时"就是常常，"控"就是投，它们还常常飞不到榆枋的尖头，就控于地，马上就要回到地面。小鸟说："我的飞行，我的生活，不过就是这样，吃饱了就算了，何须一飞九万里，而后再往南飞呢？"换言之，人生干吗要那么辛苦？何须要有高远的理想？这不是自找麻烦吗？而人生的许多问题就出在这儿。我们或许会羡慕别人有钱，老觉得自己穷、有欠缺，因而天天不开心；相反，则是常以自己之所有，批评别人之所无。"哼！我比你有钱，比你有学历，比你用功，甚至比你有人品，有……"这有多无聊，对不对？你们看，今天人和人之间的往来，不常是在那儿比地位、比财富、比别墅、比轿车吗？只是，抬起头来看看，天地那么大，把自己局限在这些有限价值的事物之中，不是太可惜了吗？所以他用蜩与学鸠来做这一大段的结尾，说："我决起而飞，枪榆枋，时则不至，而控于地而已矣，奚以之九万里而南为？"认为人一生何必如此发愤图强呢？

人生如旅行，各有各的际遇

一个有着高远理想的人，在生活中往往也会受到很多这一类的批评，因此许多人常觉得孤单、寂寞，而放弃了理想和努力，是不是这样？他接着说：**"适莽苍者，三飡而反，腹犹果然；适百里者，宿舂粮；适千里者，三月聚粮。之二虫又何知！""反"**，返也。这里若加一个"人生"或许会更清楚，他说，其实啊，人生好比一段旅程，就好像我们准备前往某莽原、野外一般，有的三餐而返，就只是到郊外走走，一天就能回来。你们有没有看过丰子恺的文集？其中有一篇纪念他一个儿子的出生，只是这个儿子一出生，心脏才跳一下就死去了，于是他问：你来这个世界的意义何在？要来为什么不长一点，仅仅就这样一下而已，这到底是什么意思？的确，看看这世上，有的人活到九十岁、一百岁，精神矍铄，有的人十几岁就得到老人病，提前老化。有的人这样，有的人那样，形形色色，不一而足，真是不可思议。有时候我们会觉得人生真是充满了疑惑，在整个人生中，许多事物都不是我们能解答的。于是庄子说我们的人生就像旅行，有的到郊外旅行，一天回来，飡，餐也；反，返也。回来时，"腹犹果然"，"果"，充实貌，他的肚子还是饱饱的。而有的生命旅途就好像往百里之外去一样，"宿舂粮"，必须带隔夜的粮食（"宿"，隔夜；"舂粮"，把米打碎）。又有的人的一生，就好像要往千里之外一样，须三月聚粮，也就是必须准备三个月的粮食，或说是长期的粮食，像这样的人生"之二虫又何知"，"之"，此也；"虫"，小东西，"虫"字用得真好。这两个小东西又能知道什么？因为从它们的生活经验里，绝无法想象，有人能一飞千里，或必须一冲千里，才活得下去。读过《中庸》的同学或许会知道，这就是"天命之谓性，率性之谓道"的部分。

或问何以有人天生要走千里的路，有人走百里就停，甚至有人只有短短几天而已呢？总而言之，这当中有人类无可抗拒的部分。庄子在自然限制的前提中，教导我们如何从这里脱困而出，以获得大自由、大自在、大喜悦、大快乐。因此《庄子》整部书就由此讲到心灵的活动，它的方式是透过心灵的自觉和认识来达到，到了《中庸》，就根据这一观念，再加上儒家的基本精神，进一步讲"修道之谓教"。其人生的目的一样，只是方式不同而已。

《中庸》"修道之谓教"的部分，着重在"修"，在"教"，这是人为的努力，所以我常跟你们说，《中庸》是儒家接受道家的思想，加以融合再发挥，是儒家的再出发。基本上，如果以儒家为中国思想的中心（或本位），《礼记》这本书，特别是《大学》《中庸》两篇，事实上是中国文艺复兴的代表，所以中国第一次的文艺复兴，可说是在战国的晚期至汉朝的初年；同时，这时期的重要性，就是将先秦的所有思想进行大融合，而以儒、道两家为其骨干，为其基本。

"小知不及大知"，《庄子》文章之妙，妙在这儿，此二虫又何知？到这里，下面马上说"小知不及大知"，它们为什么不知？因为它们之所知乃是小知。何以小知不及大知呢？因为**"小年不及大年"**。

在此还放进了时间的问题。我们的认知，受经验的影响，我们的经验，刚才以大鹏为例，受空间、环境的影响，进而也受时间的影响。十七岁对事物的认识，跟将来到四十岁绝对不同，你们今天听我讲课，好像都懂了；可是等到四十几岁再回想，你会有更大的发现，更大的收获。那是因为你们长大了，有更多生活经验，会对儒家、道家有更大的感动。因为届时你们已有了很丰富的人生经历，你们可能也已经历经各种冲击了。这时你再读《中庸》《庄子》《论语》《孟子》……你会觉得好得不得了。有的甚至成了基督徒，或佛教徒了，而这些都可能是年轻时坚决反对的。因时间的不同，所以小知不及大知，而二虫之不知，乃是不及在它们的生活经验中。

　　"奚以知其然也？朝菌不知晦朔，蟪蛄不知春秋……众人匹之，不亦悲乎！" 突破了时空的限制，让我们了解到人在时空中所受到的各种影响，常决定我们的各种经验、感觉，以致决定我们的认知与判断，而这也就是人生不自由、不平等的根源了。我们若能打破这些限制，生命就会更开阔、活泼。庄子根据他的理论，以生花妙笔，一层层推出，真是精彩极了。

《史记·管晏列传》第一讲

中国人独特的文化史观

《史记》基本上是以人为主体的一个历史的记录，同样，也是人的心灵的记录。太史公在他那样一个惊天动地、铺天盖地而来的颠覆时代所展现出的新时代，面对这一有三千年历史的大国，总结了前面所有的人类经验，借着《史记》说明人类的可能性在哪里，以期待未来三千年的历史。这是中国人的史观：生命代代而无穷已。正如《春江花月夜》里说的"人生代代无穷已"，人类的生命，就这样传下去……

我们能不能从古老历史的过程和经验中，看到自然与人之间的关系以及文明跃升的那个神秘点在哪里？即所谓的"究天人之际"。人类文明跃升的点到底是什么？有一部电影，里面就呈现了文明的跃升：

编者按：透过管仲、鲍叔牙的友情与贤德，引导学子珍惜人生的每一段际遇。

一群猴子，到了水边，看到另一群猴子在喝水，百般无奈，无聊地拿起棍子敲敲打打，然后看到石头被打得跳了起来，突然意识到，可以拿石头打那一群猴子。于是人类的工具从这里开始。这是电影的编剧从现代生物进化论的人类学出发的。而《史记》想从实际的三千年的人事，来掌握这个部分，以求"通古今之变"，了解导致古今变化的那个翻天覆地的关键。在这个前提下，太史公写《史记》的动机就是——总结人类三千年历史，以期待未来三千年历史。

这也是中国人特有的文化史观，西方人到今天还没有。西方人包括了古埃及人、苏美尔人、古巴比伦人，以至古希腊、古罗马，到今天印度人也还没有这种文化史观。何以故？因为他们的永恒性是仰赖在上帝身上，也就是"神"的身上，而人只是过渡。但是在中国人的环境里所开出的文化，其中最有意思的就是，中国人认为：神就在人。永恒性的发展，就是有"人"的推动。这是中国人很特别的文化史观，从这当中，司马迁希望总结前面的经验，以为后世所理解。

在中国这整个大文化当中，很多人在西方现代泛政治论的观点下，认为中国的一切文化、学术，似乎都在政治上，这是不对的；或说似乎都在道德上，这也不对。可是，的确有一个特点，即我们的中国文化常强调的一个"治"字，这不全是政治，但也是政治，这很矛盾，不是西方的"Politics"的政治，而是如何"治国平天下"的意思。"治者，平也"，"水平曰治"；而平天下者，乃就人性而平之，就是人性之平。所以，所谓的政治，就是如何使人性获得祥和平等，也就是身心安通，使大家享有生命。

享有了生命，才是真正的人，所以《史记》的总结——"究天人之际，通古今之变"的目的，是求百王之法，以治天下，不是统治天下，而是平天下。在《大学》这一篇文章中，就说到以格物、致知，然后诚意、正心、修身、齐家、治国，然后平天下。现代西方的政治观点，认为这是不合理的，但是对中国人而言，它是相通的。何以相通？因为以人为中心，以人追求幸福的心，也是以人的生命自觉的心为中心，以治天下，使天下都朝向自觉的可能性发展。这是人类享有生命的基本条件，也是人类寻求幸福的最大可能，也是《史记》所谈到的部分。

太史公的史心

我们看到，"列传"首先是讲伯夷叔齐。这是太史公的"史心"，他强调作为一个史官（因为中国人看重人生，因而看重史官），在其职责上面，几乎先天性地被赋予一种责任，要能寻出"究天人之际，通古今之变"这个凭据，以为天下之治。所以，在这个前提下，太史公本身说明要寻找属于"人"，以及以"人"为中心的生命典型。不是只有成功者才算是生命典型，失败、隐退也都能展现；所以伯夷叔齐是失败的、隐退的，在历史过程中以及自觉意识下，作为庶人的典型呈现。因为列传讲的是庶人，不是士家大族，不是帝王，而是普通人或一般人。在太史公来说，一个史官的责任就是必须主动、积极去寻找，然后找出那些人，以为后世所标榜，其目的在于展现生命的典型和状态。"典型"不是典范，而是"状态"，进而说明了：要平治天下，最重要的就是无私；无私，具体落实在现实世界，就是能"让"，所以《伯夷列传》也同样彰显"让德"，表彰"让德"。

今天我们讲的《管晏列传》，是列传的第二篇，可是非同小可。什么意思，为什么放在第二篇？中国的著作编排有它的"体例"，体例者，完整生命的表现。中国一切都讲体例，"体"就是一个生命，一个完整的体验，也就是一个生命典型的展现，因而一本著作就是"活的著作"。这与西方有所不同，西方可能也有，但是中国在这方面极力强调。中国重生命的完整性，重视怎样去呈现一个完整的生命，所以《论语》有它的生命结构性，《孟子》《庄子》《老子》也都有它的生命结构性，不能乱讲！在这样的前提之下，为什么《管晏列传》是第二篇，却只是个小品呢？《伯夷列传》虽小而大，而《管晏列传》却是个小品，原因何在？

伯夷叔齐，固然是一个史实，也是一个史事，可是他们的坚持毕竟是一个理想。伯夷叔齐是因坚持理想而死。姜太公说："此义人也。"于是"扶而去之"，旁边的诸侯非要他们死不可，因为扰乱军心，但是姜太公说："不可以，因为这是人类历史上不一样的典型，他们勇于坚持最高的理想和原则。"换句话说，在现实和理想之间，是一种二分的状态，怎么办？为了全人类的未来、人类的幸福，该怎么办？

伯夷叔齐认为，要坚持和平原则的话，就不应打仗。然而，如此国家将走上毁灭，该如何是好？伯夷叔齐宁可让它毁灭，以彰显人特有的选择，对生命绝对尊重的选择，这是儒家最高精神之一；如果不坚持这一点，那就是庸俗的儒家，所以我们现在社会上所谈的儒家都是庸俗的儒家主义。在真正的儒家坚持中会发现，一个生命和一群生命是同等价值。所以到王阳明时说，一分百分之百的金子，和一吨的金子同等价值，你不能说一吨超过一分，因为生命本身只能从"质"去看，这是儒家的坚持和要求。可是武王伐纣是势在必行啊，在现实中是为人类的幸福，最后诉诸战争不能避免，怎么办？在这当中，《伯夷列传》指涉在人类的世界中有一群这样的人，所以说："'此义人也。'扶而去之。"可是毕竟人的生命必须落实于人类社会当中，所以第二篇写具有这样的精神、彰显这种理想，而又在现实当中完成的人，两个大政治家——管仲、晏婴。

我们曾经讲过张良——《留侯世家》，他是第一等的韬略家，但请注意，张良始终是参谋、国师，从未执政。精彩的是，他一生没有失败。我们曾经讲他在年轻的时候，刺杀秦始皇，创造了全人类史上的奇迹——去刺杀天下最可怕的帝王之一的秦始皇，在博浪沙误中副车，刺杀失败，不仅他逃了，连刺客也逃了，而且是在一片平坦的沙滩上。虽然在实际的事件中失败，可是在生命的完成上，他的一生并没有失败过。

我们往前再看春秋战国，在这样大动荡的时代，重建新秩序、重开新局面的第一人是管仲，此后，后继者是晏婴，他们是两大政治家，而他们的背后，有着让德的实践力，也因为他们能让，或者说有让，所以才有"能"，才能彰显出"让"字。"德"与"能"，在《史记》中是不分的。因为有德，方可彰显能，只有真正的能，才能真正开出太平，所以放在第二篇去呈现这样的理想，即在现实世界中，举几个人物为代表。如果只写一个，并不足，因为列传就是至少两个并列放在一起。"列传"者，换句话说，展现人类永续经营的可能……

这篇之所以是小品文，重要的是，管仲跟晏婴事功昭著，天下皆知。还有，他们两个人都有著作。《管子》虽是后人集结，但同时又是杂家之说，因为它集结了法家、道家、部分名家、阴阳家，还有农家、经济学家在里面。我们现在所读的《管子》，是田氏篡齐之后，稷下学宫以管子之名，也就是在管子政策的脉络底下所集结的一本著作，不完全是管子的。但这本书，不论是法家、道家、儒家、阴阳家、农家，重要的是它落实在一个"治"上，是脍炙人口的一本著作，到今天大家都读它，还有其功能。晏婴有《晏子春秋》，虽然也是后世根据晏婴的一些事迹所集结，但是同样的，是一本以晏婴为主的政治思想。他们事功昭著，且都有著作，要怎么写这样的人物？

太史公以小品文的方式，侧写两个伟大的政治人物，也因此他所写的都是小事，然后以小见大，从小处去看这两个人物的伟大，使得我们更能深入这两个人的生命核心、生命特质中。

以《西方正典》为例

我鼓励大家看西方近代的小说，因为从十七世纪中期或十八世纪以后，西方近代小说非常接近《史记》的笔法，它以人物为中心，虽是虚构的故事，但是以人的百态、人事的经验作为小说的创作。如果年代再推早一点，就从《鲁滨孙漂流记》开始读吧！之所以介绍西方的经典，是因为今天西方，大家都不读经典了，这一点与我们今天也很像。解构主义诞生后，把所有西方经典披盔落甲地解构掉了；再者就是女性主义，认为是男性沙文主义下的作品……一连串的情况，都使西方经典受到伤害。在《西方正典》中，作者从这个角度重新介绍西方经典，以提供进入经典的指引，这或许也可以成为我们进入《史记》的指引。

《西方正典》中还有续编，讲诗、散文、短篇小说。它要我们不要受某种意识形态的限制，读小说是享受人生，因为这是人类文明的精华。其作者哈罗德·布鲁姆认为，当我们用意识形态来阅读时，就降低了我们的认知，降低了我们所享有的世界与我们对外在事实的敏感度，以致让我们的眼界变得狭小而扁平。

《史记·管晏列传》

> 管仲夷吾者，颍上人也。少时常与鲍叔牙游，鲍叔知其贤。管仲贫困，常欺鲍叔，鲍叔终善遇之，不以为言。已而鲍叔事齐公子小白，管仲事公子纠。及小白立为桓公，公子纠死，管仲囚焉。鲍叔遂进管仲。管仲既用，任政于齐，齐桓公以霸，九合诸侯，一匡天下。管仲之谋也。
>
> 管仲曰："吾始困时，尝与鲍叔贾，分财利多自与，鲍叔不以我为贪，知我贫也。吾尝为鲍叔谋事，而更穷困，鲍叔不以我为愚，知时有利不利也。吾尝三仕三见逐于君，鲍叔不以为我不肖，知我不遭时也。吾尝三战三走，鲍叔不以我为怯，知我有老母也。公子纠败，召忽死之；吾幽囚受辱，鲍叔不以我为无耻，知我不羞小节，而耻功名不显于天下也。生我者父母，知我者鲍子也。"

"管仲夷吾者，颍上人也。少时常与鲍叔牙游，鲍叔知其贤。"

此句直接破题，平铺直叙。我们不知道管仲是什么时候生的，但至少得知，他是死于公元前六七〇年。管仲，字夷吾，颍上人，是河南、安徽一带的人。颍上，是在河南南部与安徽西北一带，我们也可以说是河洛人，因为这一区域就是黄河、洛水一带。游，交往。

鲍叔牙知道管仲这个人非常有能力。"贤"，包含两个部分，第一个是有见识，所以从见、从眼睛。第二个是有能力。有见识，就可以跟德行衔接，中国的德行不是死守的教条，而是因见识所带出的行为能力，"德"就是行为能力。所以德行不是遵守规范而已。在这里要注意所谓的"贤"，鲍叔牙知其贤，即知道他的见识，以及他的能力。

到这里是一段，这是我的断法。在《史记》当中，一句可以成为一段，因为是总结。这里讲的是管仲，其实带出的是鲍叔牙，所以这篇文章的精彩处，就在于"虚实相应，奇正纵横"。它讲的是管仲，管仲是实、是正写；又借管仲带出鲍叔牙，把鲍叔牙放在这里，以作为附传，以不必替鲍叔牙再列传。因此，实际上这篇文章写五个人，管仲、鲍叔牙、晏婴、越石父、马车夫，还有马车夫的太太蕴藏在里面，基本上，也是女子列传。管仲在这里是实的、是主角，却是个虚笔，鲍叔牙是"虚"，却是实。所以奇正纵横交错，虽是一篇小品，而妙笔生花，足见太史公在史料上的裁断能力。一大堆的材料要读自己读，而他只写轶事。轶事，指没有记录的小事，然后完整呈现出完成这个人最重要的助力。很多时候，太史公把书写的重点放在助成他完成的各种条件上，这是他特别的"史笔"。

"管仲贫困，常欺鲍叔，鲍叔终善遇之，不以为言。"

管仲非常非常穷，是赤贫。"欺"字，是说管仲有意识去做，他有意识地去欺鲍叔牙，占他的便宜，不过，鲍叔牙终善待之，一个"终"字，表达出从头到尾，都善待管仲。更重要的是，"不以为言"，没有任何一句批评，没有任何的议论。不像我们会说：你是我的好朋友，我不是说你不好，只是怎样怎样，只是建议而已……你很好，只是性格的缺点是……

"已而鲍叔事齐公子小白，管仲事公子纠。及小白立为桓公，公子纠死，管仲囚焉。鲍叔遂进管仲。管仲既用，任政于齐，齐桓公以霸，九合诸侯，一匡天下。管仲之谋也。"

"已而"，是时间副词，就是"不久"，齐国继承人拥立的过程当中，鲍叔牙为齐公子小白服务。"事"，做动词，就是做事、服务。齐襄公被杀，他的两个弟弟公子小白跟公子纠，回过头来争王位。在齐襄公当政的时候，公子纠跑到了鲁国，公子小白则是去流浪，所以鲁国让公子纠快速去继承，不过后来公子纠失败了。

当时鲍叔牙选中了公子小白，管仲则为公子纠服务。由此就可见鲍叔牙的眼光超过管仲。不过要特别注意，其曲折性也就在此——管仲眼光这样，怎么会是好人物呢？这里可以看出管仲的功利性。他何以选择公子纠？因为当时公子纠的声势超过小白，他大略是从这一个角度去看的，因为管仲从小贫困，所以他的选择是投靠有声势的一方，结果，却不中。

"及小白立为桓公"，等到小白成为桓公，"公子纠死，管仲囚焉"。因为管仲曾经用箭射中小白，还好是射到衣带钩，没有受伤。这是不得了的大事，所以等到公子纠死了，管仲就做了阶下囚；然而鲍叔牙也就在此时推荐管仲给齐桓公。"遂"字用得非常好。"进"，推荐。这里隐藏着齐桓公之所以为王，在于他能用敌人的宽广心胸。我们也曾经说过，汉高祖最大的本事就是能用敌人、敢于用敌人。项羽的失败，就是他采取一切否定与封闭，最后让自己受困而死。

"管仲既用"，"既"，时间副词，等到管仲真的被齐桓公所任用。"任政于齐"，在齐国担任政事。"任"字，在典籍当中，这样的用法，就是指能"专政"的意思。"专政"不是独裁，而是能"专大政"，专任大政。他能专任大政的时候，"齐桓公以霸"，齐桓公因此成为霸主。换句话说，用一个"霸"字，表明了他开出了新天地，整个时代因他而改变，甚至影响往后数百年以及整个未来。

所以，管仲重要的功勋，在他"九合诸侯"。"九"，不是九次，而是多次的意思，也就是在齐桓公为霸的时候，他多次联合诸侯。在典籍中，言三、九者，皆为多数；"三者"，即老子所言"一生二，二生三，三生万物"，三者众之始，所以是多数；九，"数之极也"，所谓数之极，就是数的十进位，从一到九然后再从一到九，所以九也就是数的极致，也就是非变不可的关键。

"九合诸侯"，多次集合诸侯，来共同谈判建立世界秩序的问题。美国如接受联合国的建议不打伊拉克，然后主导着联合国来处理所有具有侵略性的国家问题，进而推动全世界和平，使人类走向新的未来，世界就会有新局面。但他们选出了布什，就表示一定要用战争的方式处理问题。真可惜！这是站在中国王道的观点来谈人类历史。我们要问：我们现在有没有能力用中国人的观点谈人类历史？在中国，霸与王的分别，在"王者，往也，天下所归往也"，就是天下自动投奔以建构起的健康理想社会。所谓"王"者，不是帝王，更不是统治者，它的内涵在于建立一个理想、有益于人类生存的社会，使人自动归往，此者为王。因此"王，天下所归往也"。

什么是霸？"以力服人者。"就是说，我有力量，你不可以妄动，如果你敢妄动，造成世界威胁，我就攻打你。这不是侵略，而是以力量维持世界和平。

齐桓公"九合诸侯，一匡天下"，不是专制地统一天下，而是重新让天下回归到秩序之中。"匡"者，正也，就是重新恢复社会秩序，规整社会秩序曰"匡",凡是从"匚"者,比如"框""筐",都有规整的意思。相对于周的政治失败、一个王道社会的崩解,齐桓公因管仲的推动,重建新的秩序,开出一个新的未来。何以知道它是一个新的未来呢?因为后来晋文公起,再后来楚庄王起、宋襄公起,一个接一个,大约历时两百年,使人类社会可以走下去。

"管仲之谋也",这里借着鲍叔牙的介绍,以展现鲍叔牙的眼光,并说明一个政治家能够完成一个时代有建设性的工作,就在于能"让",然后"知人",也因为能"让",方能"知人"。这里不要用道德教条的观念来讲"让",而是就能够空出生存的状态,让对方发展,使他真实地、完全地呈现。这深沉的含义在这里叫作能"让",不是自我膨胀,而是空出一个"可能的空间"。"让",是一种生、一种创造、一种发展的行为能力和实践,如此,再带出管仲对世界的贡献。

以上是太史公的记录。管仲承不承认呢?开头太史公说管仲之所以有今天,全是因为鲍叔牙,有如今天有记者要深入报道,就访问管仲。他会不会说:"当然啊,刚开始是鲍兄介绍的,可是后来是我自己的努力。"会这样吗?不会。这里就是借管仲自己说:"生我者父母,知我者鲍子也。"

从这里也就彰显出管仲之贤,再回扣到前文何以鲍叔牙知其贤、终善遇之。他看到这个人的宝贵之处,换句话说,由此可看出一种本性,所谓知人,当知其本,要知道其人的本质。而这一个本质不是形式上的,而是实际的、真实的,具有决定性的那种人格特质。

就如项羽是没落的贵族,虽然没落,但是仍有着贵族的特点,待人亲切、很有礼貌;可是关键时刻他绝不分功,他只信赖自己的亲人,一切都要掌握在自己手里。汉高祖那样一个浪子,打完了天下,却能与人们共同享有那份功劳和贡献。近代中国人把汉高祖骂得好惨！老觉得他心机重。殊不知汉高祖的胸襟与能容天下，是个好领袖，我们真的要认真读历史呀。

"吾始困时，尝与鲍叔贾，分财利多自与，鲍叔不以我为贪，知我贫也。"

"吾始困时"，指管仲的人生开始时非常贫困。一个"困"字，说明他完全不能施展，所以也就帮着鲍叔牙做生意，"尝与鲍叔贾"。"贾"，是小生意；商，是大生意，讲商时是指做贸易。"分财利多自与"，类似于在年终算账的时候，问："有没有赚啊？"他说："没有，只赚了五块。"实际上自己收了十五块。可是鲍叔牙"不以我为贪"，他不认为我是一个贪婪之士，这是不得了的理解。而后说"知我贫也"。

这就像有人到汉高祖那里讲陈平的坏话，说他跟嫂嫂有不伦之恋，高祖只是听听，不置可否，然后又有人说陈平以自己的美色来吸引女子，汉高祖也不置可否。不过，说到他收贿赂，让人升迁，汉高祖立刻就叫人来，问有没有这件事，然后再请陈平来。汉高祖的语气是多么客气，问问他账目的状况如何、财政的收入如何，陈平说账目每一项都清楚，如果有一点怀疑，可交出官职。汉高祖说这是你工作所需，我给你钱，不用再交账了，所以陈平全力以赴。

这里，"尝与鲍叔贾，分财利多自与"，"自与"，指自给。鲍叔牙不认为我贪财，他了解我实在太穷了，留着这钱来缓解。

"吾尝为鲍叔谋事，而更穷困，鲍叔不以我为愚，知时有利不利也。"

"吾尝为鲍叔谋事"，换句话说，管仲是靠着鲍叔牙过活。此句指我曾经为鲍叔牙做生意、谋事业，结果使得鲍叔牙更穷，所有的投资都完了，但鲍叔牙不认为我愚。何以故？整个局势不好，目前不景气，所以不认为我无能、辨别力不够，而是大局不好，"知时有利不利也"。

"吾尝三仕三见逐于君，鲍叔不以为我不肖，知我不遭时也。"

"吾尝三仕三见逐于君"，我曾经三次去做公务人员，"仕"，出任公务。"三见逐于君"，就是多次被人家赶出门去，解雇，"鲍叔不以为我不肖"，不认为我无能。"知我不遭时也"，知道我的特性、我的优点无法在这一个时候彰显，"时"，时位，时机。

"吾尝三战三走，鲍叔不以我为怯，知我有老母也。"

"吾尝三战三走"，我曾经去当兵打仗，三战三走，就是参加多次战争，每一次都跑掉，只要一说进攻，就掉头逃走。"鲍叔不以我为怯"，不认为我胆小、怯懦，而"知我有老母也"，了解我家有老母，是我最放心不下的，这里带出管仲重视人的生命。

"公子纠败，召忽死之；吾幽囚受辱，鲍叔不以我为无耻，知我不羞小节，而耻功名不显于天下也。"

"公子纠败，召忽死之"，当时召忽与管仲共同辅佐公子纠，失败后召忽立刻身殉。而"吾幽囚受辱"，指出自己宁可做一个阶下囚，被抓起来，去接受这一个侮辱。鲍叔牙不认为我是个贪生怕死的无耻之辈，或是个贪图富贵的无耻之辈。"知我不羞小节"，是指知道我不是那个只守着教条主义的人，而是觉得"耻功名不显于天下也"，自己没有真正建立起人类的事业，会是我生命中最大的缺憾，所以加了后面这一句，说明自己不是贪生怕死。

读古书，特别是宋以前的古书，讲到"功名"，是就人类事业而言：功名者，天下之事业。建立一个全人类繁荣的社会，这才叫作事业；能够使人类文明生生不息地发展，让社会具有创造力地发展，这个叫作盛德，就是最大的事业。所以凡言功名者，是指一个社会的正面事业，它不是一个个人利禄的取得。

"生我者父母，知我者鲍子也。"

"鲍子"，此为尊称。所以管仲以师事之，换句话说，管仲认为他自身的事业，其实是鲍叔牙调教出来的。

鲍叔牙可谓是一个情深义重之人，真的是管仲的知己啊！

所以真正的知己，是得见此情深。固然，第一，要知人本质，要知道其人关键性的人格特质；第二，得能有真情，什么真情？依现在看，就是同理心。用佛家的观念，就是慈悲心。用孟子的说法，就是恻隐之心。用传统的话说，那是多么情深义重，然而义重是因为有深情。如此，方是真情，才是情之正也。所以这一段从管仲写到晏婴，言他们两个之所以有成就，是因为他们有着真正的生命之情，用现代的话说，就是他们有着真正对生命的爱护、对人的同情。有人问为什么鲍叔牙对管仲这样？因为管仲特别。人世间的交往有其际遇，也就是缘分。大家能聚在一起，就是人世间的际遇使然。也因而如此，所以佛家讲：同船过渡，得有三世因缘，所以要珍惜每一次的相遇，能珍惜每一次的相遇，刹那就是永恒。

古老的智慧、现代的经营——《孙子兵法》

孙子其人及《孙子兵法》中的"大战略"观

在以往的历史中，因资料不足，有的人认为可能没有孙子这个人；甚至根据近代一些国学大师的考据，也都认为如此。不过，在一九七二年，山东银雀山汉墓出土的文物中，发现存有《孙子兵法》残篇，跟古来《孙子兵法》的实著做对比，一模一样，这足以证明《孙子兵法》确有其书，而按照《史记》的讲法，孙子也确有其人。

孙子的时代大约是公元前五〇二年，略晚于孔子，可以说他本身也是受学于儒家。

我们近代讲孙子，通常称他为"吴孙子"，因为他后来逃亡到吴国，之后写了兵书十三篇，进呈吴王。当时吴王阖闾并不看重他，反倒是

编者按：生活在变动的世界中，要懂得进退、懂得自卫，更重要的是，要学会"进退存亡而不失其正"的处事态度。

伍子胥见到兵书之后，佩服得不得了，力荐于吴王；吴王又重看兵书，始知其有才，欲用之，但孙子要求在此之前，先训练吴王的侍妾。

孙子挑选吴王最宠爱的两名侍妾为队长来进行训练，妇人们只觉得好玩，击鼓发令时，皆哈哈大笑，以致命令无法行使，于是孙子说："约束不明，申令不熟，将之罪也。"纪律不清楚，号令不熟悉，这是将领的过错。于是他又多次重复交代，再击鼓发令时，妇人们又哈哈大笑，孙子又说："既已明而不如法者，吏士之罪也。"既然讲得清清楚楚，却不遵照号令行事，那就是军官和士兵的过错了。于是把那两名侍妾抓出来，以军法论斩。吴王急了，说道："不能斩，要留。"孙子说："将在军，君命有所不受。"将在军队里，国君的命令有的可以不接受。斩立决！这下宫女吓到了，不敢不听他的指挥，因此在最短的时间就达到训练的最大效果。

孙子对吴王说训练已成，请吴王阅兵。吴王怒气未消，随便看看，无心用他，孙子也知道吴王心意而准备求去。这时伍子胥去劝吴王，说道："你想一平楚国对吴的欺凌，并对抗越国，进而称霸中原吗？"于是吴王才又请孙子带兵。

吴国在春秋后期以五万军队对抗楚国的二十万军队，如此五战五胜，连连打进楚都，不仅使伍子胥报了仇，平了楚平王的坟；还打败了越王勾践，北上与齐、晋争霸。

吴国能以一个文化落后的国家，成为春秋时期迈向战国时期最重要的一位霸主，全凭借孙子在兵法运用的才干上。

孙子本身是很淡泊名利的，当他打完了那场战争之后，把战功让给了伍子胥，自己不但不居功，而且还退出政治舞台，可能打算从此就退出历史舞台。在那个时代，有许多这样的人，比如说子贡，也是一个了不得的人——他有决定一个时代变化的政治长才，但在决定一个新的社会秩序变迁后，他能选择隐退。据《史记》记载，子贡也是促成吴用兵伐楚、攻越，北上中原，影响中原霸主之间消长的重要人物，保全了鲁国；可是等到孔子死了，他为孔子守墓，而后便隐退了。像这样做完一番大事后引退，亦是另一种高能力的行为。孙子在此方面的表现也如其兵法般精彩卓越。

基本上，《孙子兵法》本身，我们可以从"大战略"的观点来看。在一般政治运作上，常可见"政略""战略""策略"这些字眼，我们要先有所分辨。中国人所说的"韬略"，基本上是包含了"政略"和"战略"，这通常是整体的、全国性的发展规划。

比如我们讲到学校未来五年到十年的发展计划，我们要先确定我们的学校应该定位在哪儿，是培养精英的学校，还是单以升学率为主导的学校？如果我们决定以培养精英为主导，那么课程规划要如何达成？在师资的聘请上有些什么准则，甚至说请孙子这样的人才到我们的学校来教书，如没有特别的待遇，他可能是不来的，但是教育局不可能提供额外的经费，这怎么办？如此以精英教育为中心，然后做全面性规划，以求原理、原则的建立，此大约就是属"政略"性的布局了。

从规划中付诸实际执行的部分，就是所谓的"战略"，它和政略的不同就是，如何进一步执行工作规划的步骤、程序，以达成政略的目的；从战略进而到战术的应用，也就是实际作战。比如，我们向各单位申请补助，以完成这个工作，于是展开各单位的申请、谈判等实际操作技术的部分。

"策略"相当于战术，基本上是在没有战争的时候，在政略的规划完成后，运用像战术的手段达成。所以讲策略不如政略，策略等同于战术的应用，只是略高于战术；战术则是实际面对面、对立的、斗争的技术应用，以求战胜为唯一的目的。

中国人所谓"韬略"，换一个角度，也可以说是"战争原理"或"大战原理"。在中国有两部书，一部是《孙子兵法》，另一部是《孙膑兵法》。

对比来看，孙膑偏重战术应用，是战争上方法的讨论；而《孙子兵法》基本上是属于战争原理、战争哲学，和前者不同。因此《孙子兵法》时至今日，始终享有最高的战争原理地位。相较于《孙子兵法》，军事理论家克劳塞维茨的《战争论》——西方的战争原理——仍偏重于战术应用上，而非战争根本原理的陈述。所以全世界，比如俄罗斯、德国、美国、法国等，几乎都以《孙子兵法》的译本，作为他们军事学校及将领训练的必读书籍。在中国，它则是"武经"之首。

第一篇《始计》

孙子曰：兵者，国之大事，死生之地，存亡之道，不可不察也。

故经之以五事，校之以计，而索其情：

一曰道，二曰天，三曰地，四曰将，五曰法。

道者，令民与上同意也，可与之死，可与之生，而不畏危。

天者，阴阳，寒暑，时制也。

地者，远近，险易，广狭，死生也。

将者，智，信，仁，勇，严也。

法者，曲制，官道，主用也。

凡此五者，将莫不闻，知之者胜，不知者不胜。故校之以计，而索其情。

曰：主孰有道？将孰有能？天地孰得？法令孰行？兵众孰强？士卒孰练？赏罚孰明？吾以此知胜负矣。

将听吾计，用之必胜，留之；将不听吾计，用之必败，去之。

计利以听，乃为之势，以佐其外。势者，因利而制权也。

兵者，诡道也。故能而示之不能，用而示之不用，近而示之远，远而示之近。利而诱之，乱而取之，实而备之，强而避之，怒而挠之，卑而骄之，佚而劳之，亲而离之，攻其无备，出其不意。此兵家之胜，不可先传也。

夫未战而庙算胜者，得算多也；未战而庙算不胜者，得算少也。多算胜，少算不胜，而况于无算乎！吾以此观之，胜负见矣。

《始计》——我们可从古老的智慧、现代的经营切入

我们可从第一篇《始计》来谈。为什么叫"始计"呢？借用管子的解释，这里所谓的"始计"指的是从战略立场而说，也是政略的延伸。其实，一个真正能主动规划作战的大将，基本上必然也是个大政治家，或说必然是能通政略者，所以我们先借《管子》一书，讲"计"的观点来看："计必先定于内，而后兵出乎境。"故用兵之道，以计为首也。接着来看看孙子的说法。

"孙子曰：兵者，国之大事，死生之地，存亡之道，不可不察也。"

"兵"，军事战争，"地"，关键，处境，"察"，细察。这里强调生死存亡，特别是在"死"上，如此也含有如何死里求生之意。

"故经之以五事，校之以计，而索其情。"

"故经以五校之计"，因此我们要拿五件事情来作为度量的准则，"经"，古人作"常道"，即永恒不变的自然法则，这里可作为"决定性的评估"。比如我们常听到的《道德经》、"五经"，或其他经典都是此意。"索"是考察。现在我们拿五种人事间的活动作为我们无法超越的范畴，再以大政略及大战略的眼光来考察修正，而后仔细探索其中真实的状况。这是《孙子兵法》中开宗明义的第一句，基本上全书都是在陈述它所蕴含或衍生的意涵。

那么，何谓"五校之计"呢？

"一曰道，二曰天，三曰地，四曰将，五曰法。"

简单地解释，这里的"道"是指政治大环境中的理念与秩序；"天"是天时；"地"为地利；"将"是将军；"法"则是法令。

我们接着看孙子怎么说。

"道者，令民与上同意也，可与之死，可与之生，而不畏危。"

道者，令使民（百姓）与上（君上）同心意也，而（百姓）可与之死，可与之生，而不畏危。什么是"道"？在此是在一个理想政治环境的影响下，上下一体（令民与上同意），方能作战。就如上古时期，波斯的大流士发兵攻打希腊，结果吃了败仗。何以故？一方面，是波斯军民厌恶了连年征伐，主帅的旨意无法全然贯彻。另一方面，希腊正面临危急存亡之秋，必定上下同心，以保国之不灭，这都是"道"的范畴。

什么是"天"？

"天者，阴阳，寒暑，时制也。"

指的是天时、天候。先举曹操为例：他擅长读兵书，《孙子兵法》至今仍以他校得最好，但他当时打不下东吴、灭不了刘备，几次都是由于忽略了天时所致；赤壁之战，他没有料想到会起东风，这点却被孔明掌握住了，得以以寡击众，底定三分天下之势。

第二次世界大战时，英美联军在诺曼底登陆是利用大雾天，当云雾散开，德国人发现满天的军机和漫海的战船，于是被打得措手不及；"沙漠之狐"隆美尔善于利用大热天作战，使热气成为他最大的利器；称雄一方的拿破仑，攻打俄国时大败而归。这些也都说明了"天"在战争中足以构成决定性的影响。

接着看"地"。

"地者，远近，险易，广狭，死生也。"

曹操以北方的军队打到江南水泽之地，而且是在冬天出兵，北方人不习水战，是造成他失败的另一根本原因。再讲第二次世界大战，联军为何要从诺曼底登陆？一般来说，德国人以为联军会由敦刻尔克登陆，因为联军是在这里被德军击退的（按照西方人的观念——我从哪里失败，就从哪里站起），没想到竟是从防备空虚的诺曼底登陆。诺曼底是一处艰险的峭壁，从此处登陆必然冒着极大的危险，不过它并非重要的守军据点，联军就是着眼于这项条件，加以海陆空全面支援，终能获胜。

所以我们要注意战事过程中的地形，包括山谷或平地或水泽、险或易，以至于是"死地"或是"生地"，比如打游击战，必须在山林狭地进行，然后要分散，不能集中；若运用得当，没有希望的死地还有处于"生地"的可能，如韩信之背水一战，即是配合军情及地势，化"死地"为"生地"。因为希望军队能够作战，第一件事情就是让他们有能力求生。

优秀的将领需符合五项特质

再来是"将"。

"将者，智，信，仁，勇，严也。"

一位优秀的将领，必符合这五项特质："智"，才智；"信"，诚信，守信；"仁"，爱心；"勇"，不惧死；"严"，威望，有纪律。其中的"守信"，是人类共通而不可违背的一项领袖特质；独裁者一般都不具备，他们有时是以恐怖的方式达成目的，有时是以金钱收买，但都是无法长久的。斯大林当国数十年，但是死了以后，赫鲁晓夫首先清算他——鞭尸；而意大利的墨索里尼，被意大利人民追捕以后，还被拖着尸体游街。

最后是"法"。

"法者，曲制，官道，主用也。"

"法"指的是制度，包括人事任用在内，换句话说，就是军队的组织；"曲"本指"局部"，指一个个单位，曲制即单位制度，指军队的组织；"官道"就是指人事任用，首重功效；必须以有功效来作为选拔人才的考核，绝不能有人情。

接着孙子说：

"凡此五者，将莫不闻，知之者胜，不知者不胜。"

孙子再度强调这"五事"的关键性。对这五个方面，将领不能不做深刻的了解。了解就能胜利，否则就不能取胜。

"故校之以计，而索其情。"

因而，还要通过比较双方的具体条件来探究战争胜负的情形。

"曰：'主孰有道？将孰有能？天地孰得？法令孰行？兵众孰强？士卒孰练？赏罚孰明？吾以此知胜负矣。'"

这些条件是：双方哪一方的君主是明君，能得民心？哪一方的将领更有才能？哪一方天时地利占得多？哪一方军中法令执行得好？哪一方兵力更强大？哪一方士兵更训练有素？哪一方奖罚更严明？我凭着对这些情况的分析比较，就知道战争胜负的情形了。

孙子接下来对"计"做深一层的讨论。

"将听吾计，用之必胜，留之；将不听吾计，用之必败，去之。"

就是说一位大将，能够懂得我说的话（"听"字包括"了解"的意思）而执行我的计划，肯定能赢得作战，如此之人，一定得留下。何以故？因为他不只是能领兵杀敌，同时从作战中呈现出他也是一个战略家、政略家——是真正的大将，能站在国家利益上做整体性的考量，并能灵活运用战略、战术。不要以为读了兵法就能打仗，这只是纸上谈兵，如古代的赵括就是耳熟能详的例子；也不要以为可以口若悬河地讲述《孙子兵法》就能打仗，不见得啊！因为没有作战经验，说不定会被打得一塌糊涂。民初有一个姓杨的将领，他对兵法之娴熟，可与蒋百里齐名，然而正式任命他带兵打军阀时，却一败涂地；问他失败的原因，答道："哎呀！这些个盗贼出身的贼人都不按兵法打仗啊！"

再来，孙子说：一个将领没有办法懂我的规划，一定战败。此处是一个双关语，意谓他即便使用我的计谋，也会败（因为不懂，不能变通）；此外，你要是用这种人，必败，因此要"去之"，去之于何？去之于军队、去之于朝廷。换句话说，这种人绝不能成国之栋梁，这是一个国家主干人才的去留问题。

"计利以听，乃为之势，以佐其外。"

一个"计"出来后对国家有大利者，就得采纳，这个"听"有采纳之意——完全懂而且采纳，如此就可以造成国家大战略、大政略的势运，以帮助安排进一步向外的发展。

以亚洲的金融危机为例，这基本上是一场经济大战，有些国家在幕后策动，然后抓准时机，击溃了一些金融脆弱的国家。这一战打得干干净净，许多经济学家只从经济层面、金融层面来谈，无法看到这其实是一场不需流血的经济大战。要晓得今天国家整个会计成本的计算即是一个整体的评估，其目的在求国家整体的生存与胜利，这次金融危机，连带拉下日本和韩国，使整个亚洲的金融重建，起步大概要再等数年，这数年便可使欧洲调整、重建，美国则仍为经济霸主，美国如此顺势而行，进而助其"成于外"。

那么——

"势者，因利而制权也。"

"因"，顺着，因其利而制定权衡、权变之道，"势"也可说是一连串力量的运作，像水流一般，当中包含了自然而然的力量，并非一切皆是人为。当然，这一切的变化都得要有通盘的估量、计算。

我们讲兵法，讲"主计"，这是《孙子兵法》开宗明义的第一章。这个"主"，指的是领导者，"计"呢？就是考量，也是估量之意——站在政治立场上，做一个大政略的估算。考量国家的总体战力，才能决定可否打这场仗；什么是国家的总体战力呢？除了军事力量，还包括直接支持军事的经济力，加上人力、政治、外交等，同时在"人力"中还包含了"道德力"。这一系列下来，就要回应到先前的"故经之以五事，校之以计，而索其情"了。

接着孙子讲：

"兵者，诡道也。"

"诡"，就是不正的，也作"变"字解，"诡道"，即为一种变化无穷的方式！从这里传出的信息——战争及其相关的兵法，是变化无穷的，诡道除了变幻莫测，也还代表着"欺诈"。换句话说，战争本身是一种不正常的生存状态；"诡道"，非常道也。中国人认为，战争是"诡道"，是一个非常的状态，这跟西方的《战争论》认为战争是常态的看法正好相反。

而所谓"诡"，是在什么地方呢？

"故能而示之不能"——指隐藏实力，同时包含了"不能而示之能"，如"空城计"。

"用而示之不用"——同样，不用而示之用。

"近而示之远，远而示之近"——明明就在眼前了，却仍展现着还未行动。

"利而诱之，乱而取之"——以利诱惑敌方，趁其混乱时再取对方。

"实而备之，强而避之"——若对方有作战的实力，你这边就得有所防备；若对方不仅有所备，而且强，你就要懂得回避，免除不必要的损失。

"怒而挠之，卑而骄之，佚而劳之，亲而离之"——当敌方举国振奋，同仇敌忾，那就要削弱分散他们的团结性；他们非常严谨小心，那么就使他们骄傲，骄者必败；他们按兵不动（即"佚"也），就要引他们动，再伺机击之；若他们上下一体，便得使用离间的手段，瓦解他们的战力。

"攻其无备，出其不意。此兵家之胜，不可先传也。" ——到这里总结出"诡道"的意思重在攻其不备，出奇制胜，任何别人想得到的，你出手时皆已是后算，而非先算了。这同时是兵家胜利的根本原则，无法事先预演，一切根据情势而定，在所有准备之后，刹那之间发生的。

中国人称之为一个"机"，或一个"契机"，是决定胜负的关键时刻，你必须把握住，无法事先传授。"将之所以能用者"，即是将领若懂这个道理，能因时、因地制宜地攻其不备，出其不意，就算处于逆境，也能反败为胜。

"夫未战而庙算胜者，得算多也；未战而庙算不胜者，得算少也。多算胜，少算不胜，而况于无算乎！吾以此观之，胜负见矣。"

战争不过是短暂的动作，如同中国真正的武术，善战者，几个动作就分出高下，哪像现在的电影、电视中的武打镜头，打到自己都累死了，也分不出胜负，当然那只是套招为了好看而已。就战争而言，孙子认为胜负的关键在"庙算"的多少。

什么是"庙算"？我们知道，古人做战略的沙盘推演，必须到太庙去，为什么？一场战争的发动是要先祭告祖先的，换句话说，我们不能轻易发动战争，必须向祖先负责，因为这关乎民族的生死存亡，不只是个人的成败而已，故要先向祖先报告。在太庙中最后决算，这时候，我们估算得越仔细、越完备，胜算就越大；反之，估算得不完备就一定败。当然，这里所估算的整体战力不只是看得见的、物质性的量，还包括了看不见的、心理性的，以及善于随机应变取得先机的活动在内。

以此看来，一个战争的胜负清清楚楚！那么一切决定于什么？本篇前面有一个"计"，后面有一个"算"。"计"是大战略、大政略、总体战力的估量，"算"是具体战争胜利条件的计算，所以主计者，包含"计""算"两个部分，一切成败系乎主持战争之人的计算当中：这里也包括如何选为"主者"。故不仅是战争的原则，同时提供我们在日常生活里选择、估量自己的上司、部下，甚至作为估量自身的一个凭借。

进退存亡不失其正

兵家自古为中国所重视，朱熹也曾说：兵法虽诡道也，然十三篇，读者不可不重视也。现实生活中有正有变，我们固当有能力行正道，同样也要有能力以诡道在险中求生。诡道中有正有变，正道中亦有正有变，因此兵法是以站在一个变动的世界中为立论的前提！

朱熹之所以提到要明白诡道，很重要的一点，就是要能进能退，在现实生活中也当能以自卫。读兵法其实自然就会懂得自卫之道，所以即使是死于莫须有之罪的岳飞，他也知道选择最适切的方式殉国，他是等十二道金牌下来，尔后才走。他当时在死亡或拥兵自重间，选择了死亡，了不起的地方是，他想到整个大局得有一个稳定的中央政府；因为当时所有部队的大将都拥兵自重于外，朝廷空虚，故他愿选择死亡，实际乃以身作则，交出兵权以巩固中央，以维系南宋之不亡，保留国家的一点尊严与气节，昭示后人。

所以，千万不要以为一个社会、国家的力量，只是单纯经济上、政治上或军事上的力量而已，在这些力量的背后，往往精神力量才是真正决定胜败以及福祸存亡的根本因素。

最后再回到《孙子兵法》的时代背景上，孙子是春秋后期的人，他的思想跟老子的思想可以相互参考。我之所以提到老子，是因老子彰显出《孙子兵法》中虚实交错、运之于势的特性，如果《孙子兵法》确出于春秋战国，则《老子》一书很有可能受其影响，只是老子以此道讲"有""无"，成为一个更大、更完整的哲学体系，因此，我们先读《孙子兵法》，也可以对未来读《老子》有帮助。

我们在现实生活中当知正道，且当行正道；也当知诡道，而能行诡道，才能在此多变的时代中，进退存亡而不失其正。

柳宗元《始得西山宴游记》

　　自余为僇人，居是州，恒惴栗。其隙也，则施施而行，漫漫而游。日与其徒上高山，入深林，穷回溪，幽泉怪石，无远不到。到则披草而坐，倾壶而醉。醉则更相枕以卧，卧而梦。意有所极，梦亦同趣。觉而起，起而归；以为凡是州之山水有异态者，皆我有也，而未始知西山之怪特。

　　今年九月二十八日，因坐法华西亭，望西山，始指异之。遂命仆人过湘江，缘染溪，斫榛莽，焚茅茷，穷山之高而止。攀援而登，箕踞而遨，则凡数州之土壤，皆在衽席之下。其高下之势，岈然洼然，若垤若穴，尺寸千里，攒蹙累积，莫得遁隐。萦青缭白，外与天际，四望如一。然后知是山之特立，不与培塿为类。悠悠乎与颢气俱，而莫得其涯；洋洋乎与造物者游，而不知其所穷。

引觞满酌，颓然就醉，不知日之入。苍然暮色，自远而至，至无所见，而犹不欲归。心凝形释，与万化冥合。然后知吾向之未始游，游于是乎始。故为之文以志。是岁，元和四年也。

——《始得西山宴游记》

有机会跟同学们谈《永州八记》，我非常高兴。原因是，我离开建中已经二十几年了，一直觉得是这一生中最大的遗憾；我在建中教了十年书，觉得这是我一生中最大的快乐。虽然离开后还继续教国学社，但是因为国学社的同学们有大学长、小学弟，来自许多不同的年龄与年级，那种满足感，跟上正式课程时的感觉又不一样，我经常觉得，能够来这里教书是最大的福气。

我也希望提醒你们，能顺利升入高中，是因为：

1. 在这样的社会教育跟升学制度下，在一连串竞试中，你们不知不觉就把生命中的许多杂质筛除了，从而能专心学习。

2. 进到高中，与一群同样年龄又聪明的孩子集中在一起学习、生活、交朋友，这是人生多大的福气！

3. 在这样的环境中，你们不会滋生太多烦恼，在生活上，你们为了进入好的学校、好的大学，反倒有了重心，有了努力的方向；此外，你们还可以遇到好老师。

4. 你们别不在意自己是高中生，要从中意识到自己的优秀，并让自己这一生都能够充分发挥、享受生命中能自我实现的快乐。

就这几点，你们已是非常有福气的人了，千万不要忽略这件事情，这是我以前常常告诉我的学生的一些观点。

今天应邀来向同学们说说我读到的柳宗元，待进教室一看，哇！

好像再次带一个班的学生，心里立刻回到从前在这里任教时的感觉，不禁高兴起来了，这真像回到我以往最快乐的时光。

当时要离开高中，去大学教书，我的老师就非常不赞成，他希望我在高中至少教二十年。他说："你才刚教一半，要慎重考虑；高中教育其实是人生最重要的一个阶段，得天下英才而教之的快乐，是不容易得到的啊！"只是当时我身体不好，需要休息，想先离开一下，没想到一去就是二十多年，至今心中都还有些遗憾，今天能来和你们见面真开心。

现在我们来上《始得西山宴游记》。

从体例着手

柳宗元的《永州八记》合起来其实是一篇大文章，是一个系统，逐步地一层一层地进入柳宗元的内心世界，这是我们在读《永州八记》时必须要知道的。

我们在读古书的时候，千万不要忘记，读的是一个非常古老的民族所积淀下来的文字记录。这里面所涵藏的东西并不是只从文字表面的意义就可以得到，必须深入它的内在，才能够看到这篇文章本身的意旨，以及古人认为柳宗元的文章好得不得了，是好在什么地方。

那么，在这个前提下读《永州八记》，一定要注意到它是属于"古文"。什么叫作"古文"？古代文字？"古文"在中国文学史上是个专有名词：

1. 它不只是所谓的古代文字。

2. 它是属于韩愈、柳宗元等人所提倡的古文运动的专有名词。

3. 这个"古文"是相对于"骈文"而说的；换句话说，中国的文字有骈文，有散文，古文属于散文。

如果说《诗经》属于"韵文"，是"骈文"系统最高的源头；散文则始于《尚书》，然后是先秦诸子；《诗经》之后接的是《楚辞》、汉赋，而后逐步发展成为"骈文"。

"骈文"到了什么时候才正式出现？基本上齐梁时期才完全成熟，这个系统的文字：第一，特别强调形式，包括音韵，也就是重视声音的美。第二，他们进一步发展到单纯的唯美主义、唯美性。第三，多以个人的情感为主。第四，不但是个人的情感，而且是以个人情感中的感官知觉作为主要的内容，有点像近代很多作家书写其个人感受。

不晓得同学们有没有看过作家琦君的文章？你们可以比较她的文章和现在的年轻作家有什么差别，甚至于包含你们在网上看到的那些文章，也可以比较它们之间的差异。同样是谈情感，有什么特别不同的感觉。齐梁时期的文章中，除了重视形式、音韵，以声音之美为主外，还强调感官的感觉与感情。

创作重新找回生命的感动

在这个前提之下，齐梁时期的文章不再着墨于一个更深层的生命反省，文章的发展到唐朝初期引起了反省，人们开始思考艺术的创作到底是以唯美纯粹的形式为主，还是该有一种生命的反省在里面？即使是谈个人的私情，仍然要去碰触人类的共同情感，所以，艺术是纯粹的唯美，还是艺术本身在美、漂亮之外，还有一种深沉而普遍的动人情愫？换句话说，美只是"beautiful"，还是美是一种深深动人的、生命完善的感受？

"一种深深动人的、生命完善的感受"是什么？就是觉得活着真好，活着很舒服！你们还可以再加上，读高中真好的感受。

从心理上来看，这是一种回馈的、反刍的、细致的喜悦感觉。

曾经有学生告诉我，读书很苦，因为他们太用功了，每样功课都想做好，把自己塞得满满的，无法思考，也缺少感觉的空间。所以，当我问到这个问题的时候，他们不能了解，觉得很深、很抽象，剩下唯一可以感觉的，就是读了高中这件事。因为这是一种努力的成就，想起来就会开心，同学们如果觉得读高中"真好"，这也算是一种生命的感动。

唐朝初期，有人开始思考艺术、文学的创造是不是应该有这种感动，美应包含这个部分，美不只是漂亮而已。当时的诗人陈子昂就感叹说"大雅久不作"（《诗经·大雅》虽说是歌颂周文王的德行、西周的建国等，但其中也标举着人类共同的理想，对爱的肯定与期待），整个人类的理想已经长时间没有在艺术中表达了，所以他"念天地之悠悠，独怆然而涕下"；而后李白、杜甫就在这样的生命感动中，去展现他们对人世间、人类的关怀。

后来柳冕提出文章必须"依于仁义，合乎性情"。

什么叫"依于仁义"？仁义是孔孟的主张。什么是"仁"？

只有从"刚毅木讷"中才能见到仁，所以"刚毅木讷"是仁的一种表现。"刚毅木讷"的相反是不刚、不毅、不木、不讷，即"巧言令色"。

孔子说："巧言令色，鲜矣仁。"一个巧言、一个令色，当中不会有仁；为什么巧言令色当中没有仁？为什么"刚毅木讷"才有仁，才能表现出仁？

"刚"，一般的定义为"不屈"，"不屈"曰"刚"，从你们的角度来说，很有个性也曰"刚"。"毅"是坚忍。

坚忍是一种什么表现？你们当年考高中时的努力苦不苦？苦！但你们忍下来了。

有同学说现在比较苦，那你们是用什么方式度过的？有同学说吃糖度过。我想即使吃糖度过也是一种忍。而你们何以能忍？"毅"就是坚强的意志力的表现。

超越表象，看重真实的自我

什么是"木"呢？呆头呆脑吗？其实"木"不是呆头呆脑，是朴素、朴质，像一棵大树，一棵没有削减的大树。没有削减过的大树，是朴质的，也就是保持原样，没有修饰、花样。

台湾第一次要求学生不要再剃发时，形成过很大的一个学生运动，有的学生没有参加，他们说，"我觉得头发下面的东西超过头皮上的头发"。这句话传为名言，令人刮目相看。你们所看重的超越了某一个外表的表象，而展现单纯、朴实、真实、自然，这就叫作"木"。

什么叫作"讷"？不会说话叫作"讷"。为什么这么形容？因为他没有多余的修饰词，他不夸张。稍微引申来讲，就是他面对真实，因此言语单纯。

相反，"巧言令色"何以"鲜矣仁"？"巧言"的目的是什么？讨好别人。"令色"的目的是什么？修饰。因为没有自我、没有自信，就忍不住修饰，以讨好别人。

所以"巧言"跟"令色"都是讨好别人。讨好别人基本上就是以外在为重，以他人为重，而"刚毅木讷"都是直接以真实的自我为重。这不是让你们自私自利，而是要以真实的自我为重。换句话说，这个"仁"字有一个中心，就是"真实的自我"。

有的同学觉得自己有时候有真实的自我，有时候没有。不要难过，颜渊"三月不违仁"那已经是不离开自我最久的一个，子贡、子路都只有一两天而已，所以你们现在不要太在乎。

而今，你们有办法坚持真实的自我，原因是什么呢？你们能够发现真实的自我，原因又是什么？自我反省。再更深刻地说，"反省"是一种"自我认识"。

所以，"仁"是自觉的活动，也是认识真实自我的活动。

这个"自觉的活动"，通常是从我们对"人"有了感觉开始。如以你们这个年龄来举例，你们会不会对着镜子看自己？你们上楼梯的时候，会不会对着玻璃窗上的自己多看一看、拨拨头发？

这就是你们突然意识到自己，突然意识到人，因为你们自己也是一个人。如此，在你们意识到自己，以致意识到别人，甚至意识到生命里面，开始有了一份重视感，这种重视就是"爱"的开始，表示你们在乎了。当你们刚开始"在乎"的时候，又常常觉得手足无措；就像刚才看到自己，突然意识到说"这是我！"然后可能会吓一跳。

这个时候，你们要接纳自己，还是不接纳自己？或把镜子摔破，或像白雪公主的后母天天问镜子世界上谁最美？当镜子说是白雪公主，她就大骂镜子，无法面对真实，她拒绝接受自己没有白雪公主美丽。

但不论拒绝自己还是接纳自己，都还是在跟自己对话。

你们自己在乎什么，就必须跟在乎的那个事、物或人沟通，有了沟通才有了真实的关联，才搭得上线。这"沟通"就是人之爱的一个方式，所以"仁"这个字从"人"从"二"，二人构成的"仁"就是互相沟通的意思。这样的沟通是以"人"为主，也表示人是极独特的。当你们对人开始有意识的时候，必须要学习沟通，如此才能获得真正对人、对生命、对自己的了解以及真正的认识，从而才会有真正的觉醒。

所以仁是一种爱，是在爱中的觉醒，透过觉醒，进而跟自己以及所爱的人沟通。为什么要沟通？因为包括我们自己，今天想的跟明天想的都不一样，更何况是跟另外一个人！你们这个年龄具有反抗性，有的时候明明知道老师或者爸爸妈妈对你好，可是这时候他们来对你讲话你就烦了；换一个时间讲一样的话，你又会觉得很喜欢，说爸爸妈妈真关心我。为什么？因为人有情绪、有反应、有特殊的感受、有特殊的心理状态。我们不能一成不变地对人，我们对自己也很难一成不变，人是最具变化性的、最复杂的，哪怕只是对待自己而已。

在这种情形下，以"仁者爱人"来特别唤起觉醒性、沟通性，以至在觉醒、沟通后才能达到和谐。这是中国传统文化、学术开辟出的一条生命的道路。

述说个人感觉，通乎人类大情

《始得西山宴游记》为什么是"八记"中的第一篇？因为这是柳宗元第一天出去逛、第一天看到的景色，所以是他的第一篇日记，这样而已吗？其实不只是如此。

文中，一开头写：我是一个罪人，我是一个被贬谪的人，我是一个受侮辱的人，以至于我来到这里，我栖栖惶惶不知所以；虽然我好像在观察景物，一切都看到了，可是我其实等于没有看到。等到作者开始接纳自己的不幸，他沉淀下来，就突然看到这世界和这世界的美。

所以这篇文章，就如前文所说的"依于仁义，合乎性情"，即使他述说个人的感觉，也通乎人类之大情，就是人类可以共同拥有的感受、感觉、感情。这是古文运动最重要的一个部分，韩愈、柳宗元全力以赴推动，古人认为，古文运动的过程中如果没有柳宗元、韩愈则不会那么波澜壮阔。

当然，韩愈的古文运动，就文章理论而言极其坚强，但是柳宗元所开展起来的、具有高度艺术创造性的美，也使得人们在整个古文运动中看到，原来这样的文字可以展现如同骈文般那样灿烂的艺术光芒，此不同于韩愈古文的深沉思辨性。柳宗元是一个高度的艺术创作者，他透过文字、文章、文学，当然还包含他的诗歌，展现了高度的审美性。

虽然柳宗元的文章在理论上没有韩愈那么完整、那么严谨，但是他在创作的成就上是不得了的，他的文章就是从这样的"依于仁义，合乎性情"中发展。此为首先要理解之处，他的文章背后含藏着一个重要的信息，即"生命的觉醒"。

刚才我们讲"仁"，现在讲"义"。

什么是"义"？"义"者宜也，宜者适当。什么是适当？这个义字前面一定要根据"仁"，或者"道"，或者"情"，或者"正"（仁义、道义、情义、正义），没有仁、没有道、没有情、没有正，就无所谓义。换句话说，"适当"的前提，就是人的自觉以及情感的适当处理。人是情感的动物，人在情感中觉醒，然后在觉醒中透过行为，给自己做适当的安排跟抉择，这个叫作"义"。

人类最真的情感才是艺术的表现，所以他们提出在文章、艺术中，"依于仁义，合乎性情"，这样的审美理论，也可以说是美学理论。

在柳宗元的文章中，达到这样高的、清澈见底的境界，除了仁义、性情，还有什么别的素质或影响？我们先从《始得西山宴游记》看起。

柳宗元说**"自余为僇人"**，"僇"就是"戮"，杀戮的戮，本来作"杀"的意思，这里不作"杀"，作"罪人"，也有辱祸的意思，是一个被侮辱的人。

"居是州"，住在这个州；**"恒惴栗"**，"恒"，指常，即日复一日，我每天生活在害怕之中。注意，这是重要的文章前提，我随时要担心，即使是一封公文来，都要忧心是不是又要被贬了或者被杀头了。

唐朝不杀文人，把文人都贬到边疆去，目的是什么？

开发边疆，感化心灵。

感化人的心灵能提升人的品质。换句话说就是教人"懂得美"，也就是透过一个艺术的环境，柔化人的情感，将人从日常的功利情感中解放，或从蒙昧如同动物的生存感觉中解放出来，这是心灵的解放，是心理认知的提升，是人心灵自由的开始。

今天一般人都以为"自由"只是一个法律名词，其实不仅如此，"自由"还是一个心灵的名词，一个审美上的最高范畴。

当我们摆脱了日常的功利情感，不再天天想着我要活下去、我要赚钱、我要去抓取权力、我要去争……或者，我要用竞争的方式考上高中、考上大学。你们不妨想想，你们现在用什么样的心思参加考试，有没有假想敌，有没有要打倒谁，或证明给别人看？我今天要拼过他，等到拼过他以后，再攻克全校第一名。

世人常用这种假想敌的竞争方式激发自己的意志，取得全面的努力，然后考上最好的学校。还有些人在自然的状态中从容准备、激发自己的潜力，取得自然的成绩，获得自然的成就。

如果你是第一种，这就是日常功利的情感。人常常被这种日常功利的情感捆绑，又觉得非常痛苦，十分不自由。因此我们想从这里解放，获得真正的自由，也就是没有功利、目的性，不是以憎恨来伸张意志。

所以，艺术的重要就在于它常常予人没有功利、目的性的一种喜悦、愉悦。

一般来说，边疆的人民文化、知识较为原始、落后，他们每天只是为了活着而已。他们可能因此常常发生械斗，生存反而受到限制。原因是什么？在有限的物资下，你多吃一块，我就少吃一块，这影响我的生存，怎么办？械斗。

文人到那里教人识字、读书、纺纱、做陶，教人许多先进的生活技术，也教人懂得在生活中有一种从生存功利、生存目的中超脱出的能力。于是他再盖一些亭子美化环境，到那儿可以歇息歇息，欣赏风景，这叫环境教育，又称为潜在教育，透过环境的美化，移人性情。

艺术情感可带动文化力量

唐朝的政府把文人放到边疆，然后透过艺术的情感带动文化的力量，将人类的这份"生命的愉悦"推展到边疆去。所以，中国的土地不是只依靠打仗得来的，还靠文人的文化拓边，靠艺术美化中逐步开展自然交融的结果。只是被贬谪到这里的文人——应该叫文化人而不要叫文人，文人在今天容易被误解，以为是纯文学创作者；古代的文人就是文化人——他们内心很害怕，因为不知道什么时候还会被贬谪，因是有罪之身，所以"恒惴栗"。

"其隙也"，就在这样害怕的空当中，**"则施施而行"**，否则怎么办？天天害怕，可是怕也得活啊！等怕到一个程度，喘一口气，"施施而行"，就是没有目的、无精打采地走着，将他那时候的状态，描写得真好。**"漫漫而游"**，没有目的地东走走、西走走。

注意，用"施施""漫漫"，代表他虽然在看，可是等同没有在看，他并没有进入那个景色中去。若是有时考试考坏了，你们会不会"施施而行""漫漫而游"地走在路上？会的，对不对？你们都有体会，他写出了所谓的"人间大情"，这就是人间大情，人们所共有的感受。

"日与其徒上高山，入深林，穷回溪，幽泉怪石，无远不到。" 每天只要有闲暇，就抽个空跟自己的门徒走到高山，甚至进到森林里头，然后沿着溪水走到尽头。

"穷回溪"，这个"回"字用得好；曲曲折折地到达溪流的尽头；换句话说，他们的"施施而行""漫漫而游"到达了什么程度，在这里把它强化出来。然后看到"幽泉怪石"，"幽泉"，躲藏在深山中的泉水，于是"无远不到"，反正心情坏极了，非走到筋疲力尽为止。

"到则披草而坐"，到了就往草皮上，"咚！"全身倒下去，你们有没有这种经验？打完球就倒在地上，对不对？这个"披"字用得极好，形容那颓然倒地、拨开茅草躺下的样子。

"倾壶而醉"，这也描写得非常好，有高度的心理性。拿起杯子来，一口气喝光叫作"倾壶"。我现在没办法表演那样的喝法，因为我现在没有他那种心情，只能一口一口地喝；小口地喝和"倾壶"有什么不同呢？完全不一样。

一口一口地喝是在品味，比如，"王老师你今天买的是什么咖啡？怎么这么好喝啊！真有味道"，这是经得起玩味的意思；而"倾壶"，一下喝光，其实根本没有感觉，因为他的心不在那里。

"施施而行""漫漫而游""幽泉怪石，无远不到"，这些皆不在眼内。**"醉则更相枕以卧，卧而梦"**，等到大家喝醉了，互相靠着睡着了，一切都是直觉和本能。

"意有所极，梦亦同趣"，他心里所想的："真可恶！这到底是什么世界，我怎么可能遭遇这种事情，我满心为国家民族，怎么会是这样……"做梦也是一样。

柳宗元之所以遭贬谪，是因为他参加了一个短命的政治团体，团体的领导者王叔文原本是唐顺帝的老师。王叔文教导唐顺宗，顺宗十分认同他的意见，所以等到唐顺宗一继承父亲德宗的位置，他便请老师王叔文做宰相，要求老师把他所有的好朋友都找来，成为唐朝权力中心，进行政治改革。可是哪里想到唐顺宗做了半年皇帝就被迫禅位了，这个改革工作刚开始推动就结束了。唐顺宗的儿子唐宪宗即位，不但没有接受这个改革观念，而且立刻被特权包围，全面摧毁、打击王叔文这一班人。所以柳宗元这批人本来满怀壮志，只是还没有做就已经结束。

你们要体会他的这种心情郁闷到何种地步！因此这里文章一开头的含义是很深刻的，甚至还似乎问着"那老天爷你到底是什么意思，为什么要开这种玩笑"？那种对于命运的不平；所以"意有所极"，想到极处，做梦都会梦到的那种令人愤怒的状态。

"觉而起，起而归"，醒过来，站起来就走回去！一切都非常直觉，十分本能，当中丧失了那个"真正的心""真正的意识""真正的知觉"。

就在这样的心理状态中，**"以为凡是州之山水有异态者，皆我有也"**，认为自己全都看完了。

如果我说："某某同学，我们明天去爬山吧？"你说："山有什么好看的，我都看完了，不要看了。"我说："某某同学，我们去故宫走走吧？"你说："不去，从小每学期都要去故宫，翠玉白菜也就长那样，我去那里看了半天也没有新的发现……"以为所有的景色我都看完了，**"皆我有也"**。**"而未始知西山之怪特"**，我从来不知道西山有什么奇特的景致，我以为我都看完了，并没有意识到西山的特殊之处。

换句话说，这是柳宗元《始得西山宴游记》里面最重要的心理状态，是以僇人的心理"恒惴栗"来说明，以至于他所面对的世界其实是一个不觉察、没有心的世界。

"今年九月二十八日"，注意他标的是"日"，标出这个就等同他的再生，他的新生命的开始。

儒家讲"仁义"有一个很重要的观念——人的生命其实可以分三层。

第一层："原始生命"，就是动物性的生命。有人说，人是动物，人活着就像动物，你们就要知道那是动物性的生命，他活在动物性的生命里。

第二层："自我认识"。我们突然意识到人跟动物不同，人有些特殊的部分是动物绝对没有的。比如说，你看到自己会吓一跳；甚至有一天，你看到你喜欢的女孩子会手足无措。然后你可能每天照镜子，要不就每天躲在她家门口，可是看到对方来又走掉，然后又懊悔："我为什么会这样？"或是觉得自己不够好，需要再用功一点。或者想，我不要再剃光头了，留个头发，她可能会喜欢我；或是我就去剃个光头，让她知道我有多独特。这就是一种生命的觉醒征象，"自我认识"的开始，也是建立自我的开始。

第三层："理想的建立"，这是一种"神性"的开展。儒家认为生命是从"生命觉醒"后才是属于"人"真正的开始。

遭遇困顿，才是生命真正的开始

虽然在这之前，柳宗元已经写了很多文章，可是等到他满腔的热情理想，突然被打压，被贬到永州，他才知道过往的自以为得意与不得意，都是虚幻的、不真实的。今天你遭遇困顿、艰难，你是不是还能沉得住气，还能站得住、挺得起？这才是真正生命的开始。

他在"今年九月二十八日"，记下他真正的生日，他的再生之日，所以，特以此记下他作为"人"的真正生命的开始。

"因坐法华西亭，望西山，始指异之"，就在九月二十八日，"施施而行""漫漫而游"，到了法华西亭坐下，开始东看西看，慢慢看……然后发现："天哪！这是一座什么山啊！怎么会是这样？太奇怪了，我以前怎么都没有注意到？"这是生命的觉醒。

可是柳宗元特别把法华西亭标出来，"法华"是什么意思？就是指向"法华宗"，同时也是《妙法莲华经》的简称；法华宗是唐朝最大的佛学宗派之一；当然唐朝不只有法华宗，还有天台宗、华严宗、唯识宗、禅宗，以及净土等几个大派，法华是其中之首。

法华宗的大义都是在讲什么呢？重点是在于心的觉醒与彻悟。我借由《金刚经》的话，用最简单的方式说，《金刚经》里面有一句话，"应无所住，而生其心"，我把"应"改成"因"，因为心里不再牵挂，"住"就是牵挂，就是停滞不前。

一般人的心总是牵挂着，但是我们一旦没有了牵挂，就会产生出一个新的心，这新的心会让我们重新看这个世界；会看到完全不一样的景象，发现完全不一样的状况，会让我们的人生、命运完全改观。即使我还是一个傻人，可是已经令我完全不同，所以柳宗元特别标出"法华西亭"，而不是说九月二十八日因坐"西亭"，而是标出"法华"，说明他的心突然"空"了，这是因缘聚合。他的心为什么会空？因为无可言说的因缘聚合，就在那一天，就在那么偶然，在理性没有办法说清楚的状态下，突然"空"了，然后也看见了。（这当然是柳宗元自身对佛学的研究，到此时突然起作用了）

但是这段话也代表他前面的努力。他并没有天天坐在那里大呼痛苦，他"施施而行""漫漫而游"，他努力地活着、努力思考着、努力看着这个世界、努力关心生命，就在这一个因缘聚合之下，他突然能全面地了解了。

"望西山"，这个"望"是遥望，他眺望着西山，然后突然发觉怎么跟平常看的完全不一样。

所以，**"遂命仆人过湘江"**，这个"遂"字用得真好，没有任何耽搁，立刻就前去；让仆人"过湘江"，**"缘染溪"**，沿着染溪，**"斫榛莽"**，砍掉那些杂树，**"焚茅茷"**，把这些茅草、枯叶一起烧掉，**"穷山之高而止"**，一直到达了山顶。

这个是写"情"，他不只写景，还写"情"！他写自己全面提升，毫无耽搁，不再留恋哀伤，让自己全然走到那个空灵的境界。

"攀援而登，箕踞而遨"，"箕踞"是什么意思？就是不再"披草而坐"，而是全身放松，坐下来把两腿摊开，两腿叉开叫作"箕踞"，是全身放松的表现。"遨"者，游也，这个"游"是什么？是"心游"。

"则凡数州之土壤"，指我这么一看旁边所有州的土壤，**"皆在衽席之下"**，都在我的座席之下，"衽席"就是座席、垫子、席子。

"其高下之势，岈然洼然"，然后看到整个山势的起伏：有的高有的低，"岈"是高，"洼"是低；**"若垤若穴"**，小到就像蚂蚁堆，"垤"是蚂蚁堆，"穴"是小洞。

"尺寸千里，攒蹙累积"，"攒蹙"就是集中、累积，累积出高低不平的山势；**"莫得遁隐"**，完全没有可以逃避的地方。这里头包含着一个新的象征：指出在这里我突然看清楚，所有以前的各种经验、各种想法、各种状态，以及自身所有不快乐的来源，完全一清二楚，无可逃避，我终于面对了自己。

他既写"景"亦写"心"，既写"心"亦写"情"。

当我到达这个"空"的高度，无所牵挂而彻底觉悟，就好像到了高山之顶，望着数州土地，然后我看到了高高低低的山势，看到了许许多多的城市，同时也看到我内心各种各样的状态。

"萦青缭白，外与天际"，然后我慢慢看到那碧绿的山，那连绵不断的山脉、相连不断的云层，一路延伸到了天边；**"四望如一"**，四面一望皆是无限的天际。

敞开心胸，与天地合而为一

注意这个"无限"，原来我们可以毫无牵挂，原来天地这么大，而我们所有的有限、不自由，其实全来自我们的心的感觉、心的认知，当我们一旦"空"了，我们的心与天地一般，是无限的。

"然后知是山之特立，不与培塿为类"，然后我才知道这个山的独特性，它不是一般的小山，"培塿"就是小土丘；当我有了这个彻底的觉悟，我开始意识到，我现在的状况已经不再是一般人的状况，为什么？

"悠悠乎与颢气俱"，我整个的心开了，和天地之气完全合一，"颢"就是"浩"，这个"颢"和孟子的"我善养吾浩然之气"相同，孟子说：我整个心胸开了，我整个心胸充满浩然之气。在此，柳宗元已不再为这些小事情牵挂，即使自己是罪人又怎样，只要我站在真理这一边，我就是与天地为伍；朝廷有权力判我罪，可是我有机会享有我自己的生命和对我自身生命的肯定。

"而莫得其涯"，无边无际；**"洋洋乎与造物者游"**，我跟天地相通，注意这句话又到了庄子，与造物者同游；**"而不知其所穷"**，不知道会停在什么地方，换言之，他在这里得到了精神上的全面解放。

于是**"引觞满酌，颓然就醉"**，到了这里我就拿起酒壶，为自己倒满酒，祝贺我生命的再生，一饮而尽，然后全然放松，让自己睡去。

"不知日之入"，不知道太阳西下，**"苍然暮色，自远而至"**，等到太阳西落了，苍然的暮色从四面八方逐渐靠近。**"至无所见"**，以至于全部都黑了，看不见任何东西；**"而犹不欲归"**，看到这种情形我还是舍不得走。为什么？

我就像打坐一样，**"心凝形释"**，我的心神重新收回来，真正的自我又重新回到我的身体；我不再受我形体的限制，不再害怕，不再担心会受什么处分，也不再担心甚至忧虑丢了性命。因为，我突然感受到人可以与天地合而为一；人的精神性的无穷，可以超越人的形体，让人真正享受自由的生命。**"与万化冥合"**，跟整个世界完全结合。

"然后知吾向之未始游"，"向"是从前，我之前到处走，以为我已经走进整个永州，其实完全没有真正地游玩；**"游于是乎始"**，我真正的逍遥游就从这里开始。

所以你们真要懂得什么是"逍遥游"，就要去读《庄子》的《逍遥游》，因为这是古人、古老文化下的继承。许多作家所有生命经验的发展，都具有高度的历史性和文化性，所以不是单一的文字，浅显的表现。柳宗元在这里从儒家到佛家，再转为道家。

"故为之文以志"，所以我特别写下这篇文章加以记录。**"是岁"**，这一年；**"元和四年也"**，呼应前文"九月二十八日"。

那么，而后的几篇文章从哪里游起？就从这里，"心凝形释，与万化冥合"游起。透过这样的心眼，来看整个西山的状态以及自我的情感，这个"游"，可以说是"逍遥游"，或是"心游"。

柳宗元从"仁义"始，将个人真正的性情，透过佛法的"空"，以至于庄子的"逍遥游"展现，表现了唐朝以后中国真正的文人、文化人、读书人内在丰富的涵养和对这个世界的看法。

因此，如果同学们听到有人说柳宗元是唯物论者，是经验论者，或者说他是反对佛家的代表，或者是反对道家的代表，其实他都不是。

一如中国从汉代以后，儒、道在读书人身上已经不分了，隋唐以后，儒、释、道在读书人身上也同样不分了，但是他们合起来的终极性，都是帮助我们寻找生命的真谛，然后取得精神性的大自然，这是一篇重要的代表性文章。

同学提问

什么叫作"神性"？或许我把"神性"改为"神圣性"，就容易懂了，是指人对生命最高理想的追求。

第一，这个对生命的最高理想状态的追求，如同人可以认识上帝般接近。我们现在对于上帝所有完善的解释中，其实都是人向往最高理想的表现。

第二，生命的最高理想，如同人可以认识佛，或者西天极乐的情况。所有对西天极乐的描写、所有对佛的描写，其实都是人的神圣性的展现。

第三，中国的孔子、孟子，甚至庄子、老子，也都是人最高生命理想的抒发、呈现。

因此，我们可以看到各社会、文化、宗教中都有圣人。比如在基督教中有摩西、耶稣；在佛教中有佛，释迦牟尼佛、弥勒佛，还有菩萨；而在哲学界，有苏格拉底、柏拉图、亚里士多德等。在中国则更不用说了。

苏格拉底被判死刑的时候，根据当时希腊人的风俗习惯，这类的案子被判死刑是可以将人放走的，人可以逃出国，过几年回来就没事了，可是苏格拉底说："不行，我之所以被判刑是因为我坚持真理的原则，如果我为了活下去而逃走，就违反了真理的原则，所以我宁可死。"

人家就说："还有什么比生命更可贵的？"他说："没有！但当我们能够不再受死亡胁迫，超脱出生命，而能够坚持真理原则的时候，才能获得最大的自由。"这也是神性的一种表现。

孔子也是如此，孔子说："朝闻道，夕死可矣！"他认为，当我抓住最高的生命理想展现出来的时候，我就是真正活过了；以至于肉体的生死相对于此理想的获得，还不如这个完善，所以说"夕死可矣"。这就是所谓神圣性的展现。

因此，我们才说人的复杂性就在于：人有神圣性，有人性，有动物性（也就是生物性）。在这些交织中间，要如何达到和谐？我们的动物性、人性、神性三者如何能和谐？

孔子从"自我认识"开始，"自我认识"就是"仁"，"自我协调"就是"义"，"仁义"就是达到人的"和谐"与"完整"。

这是从哪里出来的？是从性情出来的。每个人要从自己的个性、兴趣，还有才情出发，《始得西山宴游记》就是柳宗元以此为基础出发，重建了自己的生命状态。

柳宗元在永州可能待了十年，他一生共有六百多篇创作，在永州就有两百多篇。

柳宗元只活到四十七岁，他在不断被贬谪的过程中，创作却从来没有被耽搁过，而他生命的发展也从来没有因为现实中的忐忑、坎坷而被局限。柳宗元创作最高产的时期是在永州这几年，所以后人对他的赞美，不只在他的文字，还在他的生平。

此外，《永州八记》这八篇文章，基本上是中国山水文章真正成熟的作品。我们可以说，中国开始走向山水文学，大约是从魏晋南北朝开始。在魏晋南北朝，人们认为山水就是"道"的象征和代表，所以，中国的山水画就是"道画"，是"道"的呈现。

不要以为中国山水画只是文人乱画，其实际是在展现那个"道"，画上的山永远向前发展，好像造山运动，那是宇宙创生的力量；水永远向下流动，那是永远的延伸与聚合，这是阴阳二极的合一，而中间"萦青缭白"，是大气的运转。

一个画家对于宇宙的体认，透过绘画加以展现，所有的山水都是对这个宇宙及生命所体现的符号而已。

早先郦道元的《水经注·江水》是一本重要的地理学典籍，他对山水的描摹呈现惊人的美丽；而南朝的宗炳谈山水画的画论——《画山水序》，展现的自然山水，就是"道"，是美的极致；不过到了柳宗元这八篇文章，正式开展出所谓的山水古文，也是最成熟的作品，情与景完全融合，同时也记录一个全新的人生境界。